VALENTIN LEHNIG

444 GENIAL VERRÜCKTE FUSSBALL-FAKTEN

FÜR CLEVERE FANS AB 7 JAHREN

Deutschsprachige Erstausgabe Oktober 2022

Covergestaltung und Satz: Wolkenart - Marie-Katharina Becker, www.wolkenart.com

1. Auflage

INHALT

VORWORT

Schaust du auch immer begeistert im Fernsehen dabei zu, wie sich die Spieler den Ball gegenseitig zupassen, ihn vor den Gegenspielern verteidigen und versuchen, ihn so in das Tor zu schießen, dass der Torwart keine Chance hat, ihn abzuwehren? Stehst du vielleicht manchmal sogar selbst auf dem Feld und verfolgst den Ball, verteidigst das Tor oder greifst das Tor der gegnerischen Mannschaft an?
Warst du schon mal im Stadion und konntest dort live ein Fußballspiel mitverfolgen? Kennst du dich mit den Regeln aus, die auf dem Fußballfeld gelten? Wann wird die Gelbe Karte gezogen? Wie funktioniert das Abseits?

In der Welt des Fußballs gibt es viele interessante und spannende Fragen, aber noch mehr lustige, interessante, überraschende und erstaunliche Fakten. Wenn du beim nächsten Fußballspiel während der Halbzeit wartest, bis die zweite Spielhälfte beginnt, bietet dir dieses Buch Unterhaltung und jede Menge Spaß. Außerdem werden deine Familie und deine Freunde begeistert sein, wenn du mit deinem Fußballwissen punktest.

Was sind die krassesten Fouls und wer hätte einen Pokal mit der Aufschrift „Schwalbenkönig“ verdient? Wer hat eigentlich die erste WM gewonnen und welche Mannschaft hat bislang die meisten Eigentore geschossen? Auf all diese Fragen erhältst du in diesem Buch eine Antwort. Freue dich auf viele atemberaubende Fakten und teste am Ende dein Wissen über Fußball mit einem spektakulären Fußball-Wissensquiz. Für noch mehr Kick und gute Laune sorgen die Fußballwitze, die dafür sorgen, dass du dich vor lauter Lachen gemeinsam mit dem Ball über das Fußballfeld rollen kannst!

Bist du bereit? Na dann: Auf die Plätze, fertig, Fakten!

KAPITEL 1

FUSSBALLHISTORY: SKURRILE FAKTEN RUND UM DIE ENTSTEHUNG UND DIE GESCHICHTE DES FUSSBALLS

In diesem Kapitel lernst du viele wissenswerte Fakten rund um die Entstehung des Fußballs. Einige davon sind so unglaublich, dass ich sie selbst kaum fassen kann! Lass uns loslegen!

1. Die erste deutsche Bundesligasaison der Männer fand 1964 statt. Als bester Torschütze wurde Uwe Seeler gekürt. Er schoss nämlich spektakuläre 30 Tore!

2. Seit dem Jahr 1985 ist kein Pflichtspiel vergangen, in dem die Mannschaft Manchester United nicht mindestens einen Spieler in seinem Kader hatte, der aus dem eigenen Nachwuchs kommt. Bei jedem Pflichtspiel – ohne auch nur eine einzige Ausnahme!

3. Während sich Fußball heute einer so großen Beliebtheit unter den Menschen erfreut und zu einer der beliebtesten Sportarten zählt, wurde dieses Spiel früher gar nicht gerne gesehen. Viele Städte verboten sogar das Fußballspielen! Der Grund für dieses Verbot war, dass das Fußballspielen früher brutal und kämpferisch ablief und sich die Spieler nicht selten sehr stark bei den Spielen verletzten. Darum mussten die Herrscher der Städte dagegen vorgehen und bestraften Menschen, die Fußball spielten. Das kann man sich heute gar nicht mehr vorstellen, denn Fußball gehört nun schon fast zur Kultur dazu.

4. Dass Frauen Fußball spielen und auch in Spielen gegeneinander antreten, ist noch relativ neu. Denn im Jahr 1955 wurde durch den Deutschen Fußballbund ein offizielles Verbot ausgesprochen, welches es Frauen untersagte, Fußball zu spielen. Der Grund für dieses Verbot war, dass während des Spielens die Frauen angeblich ihre Anmut verloren und ihrem Körper schaden würden. Wenn Mitgliedervereine einer Frau anboten, Fußball zu spielen und Damenfußball in ihrem Programm hatten, wurden sie dafür bestraft. Dieses Verbot galt 15 Jahre lang. Erst im Jahr 1970 wurde in einer DFB-Tagung beschlossen, Frauen das Fußballspielen zu erlauben.

5. Beim Frauenfußball galten nicht immer dieselben Regeln wie bei den Männern. So dauerten beispielsweise die Spiele nur zwei Mal 35 Minuten. Zudem durften die Frauen keine Stollenschuhe tragen.

6. Das erste Länderspiel einer deutschen Frauennationalmannschaft fand erst im Jahr 1982 statt. Dabei konnte die deutsche Nationalmannschaft der Frauen die Nationalmannschaft der Frauen aus der Schweiz mit einem Ergebnis von 5:1 besiegen.

7. Medaillen und Pokale dürfen in der Regel bei sehr großen Spielen nicht fehlen. Bei der EM und auch der WM geht es unter anderem um einen solchen Pokal (und natürlich um den Titel als Meister). Wusstest du jedoch, dass Frauen für lange Zeit keine Anerkennung für ihre Siege bei Meisterschaften bekamen? Als die deutsche Frauen-Nationalmannschaft im Jahr 1989 die Europameisterschaft gewann, bekamen sie keinen Pokal! Was sie stattdessen für ihren Sieg erhielten, waren ein Bügelbrett und ein Kaffeeservice. Zum Glück hat sich das inzwischen geändert: Heute bekommen Frauen anstatt des Bügelbretts eine hohe Siegerprämie.

8. Kennst du dich mit den Regeln aus, die auf dem Feld gelten? Regeln spielen bei jedem Fußballspiel eine wichtige Rolle: Die Vorschriften, die es heute im Fußball gibt, gab es jedoch nicht immer. Während heute nicht nur geregelt ist, wie das Spiel auf dem Feld abläuft, was erlaubt ist und auch feststeht, wie groß das Feld sein muss, wie die Linien in welchem Abstand verlaufen und wie lange das Spiel dauern darf, war all das früher nicht wichtig. Die Menschen haben einfach Fußball gespielt, ohne sich Gedanken darüberzumachen, wie groß das Spielfeld sein musste, wie lange ein Spiel dauern sollte oder wie viele Spieler in einer Mannschaft spielen durften. In Deutschland wurden die ersten Fußballregeln im Jahr 1874 festgelegt.

9. Die Rote Karte gibt es noch gar nicht so lange in der Welt des Fußballs. Eingeführt wurde sie erst im Jahr 1970. Danach vergingen jedoch noch vier ganze Jahre, bis sie zum ersten

Mal an einen Spieler verteilt wurde. Die erste Rote Karte wurde an Carlos Caszely – einen Spieler der Nationalmannschaft aus Chile – 1974 vergeben.

10. In Deutschland spielen ungefähr 10 Millionen Menschen Fußball. Mehr als die Hälfte von ihnen, circa 6 Millionen Menschen, spielen als Mitglied in einem Verein.

11. Wer hat in der Geschichte der Bundesliga die meisten Tore erzielt? – Die Antwort lautet „Gerd Müller" mit insgesamt 364 Toren für den FC Bayern. Zwischen ihm und dem zweiten Torschützen, der in der Geschichte der Bundesliga die meisten Tore erzielt hat, liegt eine Differenz von 96 Toren. Klaus Fischer (Schalke 04) hat 268 Treffer erzielt. Auf ihn folgt Jupp Heynckes (Borussia Mönchengladbach) mit 220 Toren.

12. Innerhalb von 50,5 Jahren Bundesliga gab es 358 vorzeitige Trainerwechsel.

13. Seit dem Jahr 1963 gab es insgesamt 384 Spielausfälle!

14. Im Jahr 1937 wurde zum ersten Mal ein Fußballspiel live im Fernsehen übertragen.

15. Viele Menschen vermuten, dass der Ursprung des Fußballs in England liegt. Das scheint so jedoch nicht zu stimmen: Bereits 2.000 v. Chr. gab es in China ein Spiel, das dem Spiel des heutigen Fußballs sehr ähnelt. Dieses Spiel trug den Namen Cuju („Tsu Chu"). Übersetzt man das Wort ins Deutsche, bedeutet das in etwa so viel wie „Tretball".

16. Den ersten mit Luft befüllten Ball, die ersten Spielfeldbegrenzungen, Tore und auch Regeln soll es bereits zwischen 220 und 680 n. Chr. gegeben haben!

17. Obwohl viele Menschen denken, dass das Maracanã-Stadion in Rio de Janeiro (Brasilien) das weltweit größte Stadion ist, ist das nicht richtig. In der Tat handelt es sich bei dem größten Stadion der Welt um das „Stadion Erster Mai", auch „Rungrado May Day Stadium" genannt. Dieses steht in Pyongyang in Nordkorea. Insgesamt bietet dieses Stadion auf 207.000 Quadratmetern Platz für circa 114.000 Zuschauer. Es ist 60 Meter hoch und hat acht Stockwerke.

18. Manchmal kommt es vor, dass Tore in einem Spiel recht schnell fallen. Doch das schnellste Tor, das je in einem Spiel gefallen ist, wurde im Jahr 2011 nach nur 2,68 Sekunden nach Anpfiff geschossen. Torschütze war in diesem Fall der Russe Michael Osinov, der für den Mitos Novocherkassk spielte.

19. Die UNO hat weltweit 203 Länder anerkannt. Die FIFA (das ist die Abkürzung für „Fédération Internationale de Football Association“) hingegen hat bereits 211 Nationalverbände als Mitglieder.

20. Wie viele Ecken hat ein Fußball? Ein Fußball besteht aus 32 Flächen, das sind 12 Fünfecke und 20 Sechsecke.

21. Wenn du dir einen Fußball anschaust, wirst du feststellen, dass er rund ist. In Wahrheit ist er aber eher oval. Das liegt an der optischen Täuschung, die durch das Muster auf dem Ball entsteht.

22. Wusstest du, dass Fußbälle früher aus Schweineblasen gemacht wurden, man heute dafür aber vulkanisiertes Gummi verwendet?

23. Wenn man den DFB-Pokal mit Flüssigkeit füllen wollte, wie viele Liter Wasser hätten Platz darin? Erstaunliche 8 Liter! Der Pokal ist außerdem schätzungsweise 35.000 Euro wert.

24. Der erste Verein, der jemals gegründet wurde, war der englische Sheffield Football Club. Im Jahr 1857 beschlossen Offiziere der britischen Armee, einen Fußballverein zu gründen. Gesagt, getan!

25. Die Mannschaft Stade Olympique l'Emyrne (Madagaskar) beschloss, in ihr eigenes Tor zu schießen, um eine unfaire Entscheidung des Schiedsrichters aufzuzeigen. Sie erzielten damit die höchste Punktzahl in der Geschichte des Fußballs, nämlich 149:0.

26. Das erste Spiel, das die deutsche Nationalmannschaft jemals spielte, war ein Spiel gegen die Schweiz im Jahr 1908.

27. Jedes Jahr werden circa 40 Millionen Fußbälle produziert.

28. Manchmal findet in dem Stadion eine sogenannte La-Ola-Welle statt. Wusstest du, dass diese Bezeichnung aus der spanischen Sprache kommt? Auf Spanisch heißt „la ola" nämlich „die Welle". Aus diesem Grund ist das Wort auch ein wenig doppelt gemoppelt: „La-Ola-Welle" heißt übersetzt dann nämlich „Die Welle-Welle"!

29. Wusstest du, dass es erlaubt ist, dass sich die Mannschaft als eine Art „Mauer" vor dem Tor aufstellt, um einen Treffer der gegnerischen Mannschaft zu verhindern?

30. Fußballspieler dürfen nicht ohne Schuhe auf dem Platz stehen. Sollte ein Fußballspieler einen Schuh während des Spiels verlieren und sich diesen nicht mehr anziehen, gilt das als Regelverstoß. Das bedeutet, dass der Schiedsrichter einen Strafstoß für die gegnerische Mannschaft pfeifen kann.

31. Es stehen in der Regel immer elf Spieler pro Mannschaft auf dem Feld. Das muss aber nicht so sein: Die Regeln des Fußballs schreiben nämlich nur vor, dass sich mindestens sieben Spieler pro Mannschaft auf dem Feld aufhalten müssen. Wenn eine Mannschaft weniger als sieben Spieler hat, darf der Schiedsrichter das Spiel abbrechen.

32. Nebel ist an und für sich kein Grund, ein Fußballspiel abzubrechen. Die Ausnahme: Wenn man von einem Tor nicht mehr zum anderen Tor sehen kann, darf der Schiedsrichter aufgrund des dichten Nebels das Spiel abbrechen.

33. Wie entscheiden die Mannschaften eigentlich, wer beim Elfmeterschießen zuerst startet? – Indem sich die Kapitäne der beiden gegnerischen Mannschaften beim Schiedsrichter zusammenfinden. Nun wird gelost, wer bestimmen darf. Der Gewinner der Losung darf nun entscheiden, ob er möchte, dass seine Mannschaft startet oder ob die andere Mannschaft mit dem ersten Elfmeterschuss beginnt.

34. Pausen beim Fußballspiel sind manchmal notwendig. Wusstest du, dass es verschiedene Arten von Pausen gibt? Es gibt beispielsweise einen Unterschied zwischen einer

Trinkpause und einer Kühlpause. Eine Trinkpause darf maximal 60 Sekunden dauern. Eine Kühlpause kann zwischen 90 und 180 Sekunden andauern und soll die Spieler an heißen Tagen vor Hitzeschaden schützen. Beide Unterbrechungen des Spiels dürfen aber nicht einfach so geschehen, sondern müssen medizinisch begründet sein.

KAPITEL 2

WISSENSWERTES RUND UM DIE BEKANNTESTEN TURNIERE UND SPIELER: KRASSE FAKTEN ÜBER EM, WM, CHAMPIONS LEAGUE UND KONTINENTALMEISTERSCHAFTEN

Kennst du die unglaubliche Geschichte des Rio Mavuba? Nein? Dann solltest du dir dieses Kapitel unbedingt genauer ansehen! Es warten nämlich unglaubliche Fakten über die verschiedensten Spieler und Turniere auf dich. Viel Spaß!

35. Rio Mavuba ist ein ehemaliger Spieler der französischen Nationalmannschaft. In seiner Geburtsurkunde steht unter „Geburtsort" die Angabe „Auf hoher See". Der Grund dafür ist, dass der Spieler auf einem Boot geboren wurde, als dieses auf internationalen Gewässern unterwegs war.

36. Während viele den Spieler Cristiano Ronaldo verehren und als einen der weltweit besten Spieler betrachten, wissen viele Menschen nicht, dass Luis Suárez, ein ebenfalls sehr begabter Spieler aus Uruguay, in der Saison 2015/2016 nur um einen Scorepunkt schlechter war als Cristiano Ronaldo in seiner besten Saison 2014/2015. Luis Suárez hatte 83 Scorepunkte, Cristiano Ronaldo 84.

37. Wenn Dundee United (ein Verein aus Schottland) und der FC Barcelona aufeinandertreffen und gegeneinander spielen, gewinnt immer Dundee United. In der Tat hat dieser Verein eine hundertprozentige Siegquote gegen den FC Barcelona. Von den vier Spielen, die diese beiden Vereine gegeneinander gespielt haben, konnte Dundee United alle vier Spiele gewinnen.

38. Mark Hughes war ein Spieler, der an nur einem Tag zwei Spiele spielte. Aber nicht nur irgendwelche beliebigen Spiele: Er spielte an einem Tag zwei Spiele für einen jeweils anderen Verein. Dieses Ereignis fand am 11. November 1987 statt. Erst spielte Mark Hughes ein EM-Qualifikations-Spiel mit der Nationalmannschaft von Wales. Dieses Spiel fand gegen die Tschechoslowakei statt. Anschließend spielte er als Spieler des FC Bayern das Spiel gegen Borussia Mönchengladbach.

39. Es ist bekannt, dass Fußballspieler immer mal wieder die Mannschaft wechseln, weil sie von einem anderen Verein abgeworben werden und somit für eine neue Mannschaft möglicherweise auch in einem anderen Land spielen. Auch José Mourinho hat seine Teams gewechselt, dabei aber zwischen dem Jahr 2004 und dem Jahr 2011 mit all den Mannschaften, für die er innerhalb dieses Zeitraums gespielt hat, nie ein Heimspiel verloren.

40. Wusstest du, warum die WM 2022 in Katar im Winter stattfindet, obwohl die Fußball-WM sonst immer in den Sommermonaten ausgetragen wird? Der Grund für die Verschiebung sind die extrem hohen Temperaturen auf der arabischen Halbinsel im Sommer. Deshalb entschied man sich, die WM zum ersten Mal im Winter abzuhalten.

41. Chelsea hat schon oft die Meisterschaft für sich ausmachen können. Insgesamt hat diese Mannschaft bereits 6 Meisterschaften gewonnen. Doch, wie sagt man so schön? – Wer A sagt, muss auch B sagen? Chelsea hat nicht nur 6 Meisterschaften gewonnen, sondern ist auch genauso oft schon abgestiegen – nämlich ganze 6 Mal.

42. Wusstest du, dass Cristiano Ronaldo genau 896 Tage älter ist als Lionel Messi?

43. Cristiano Ronaldo, Zinedine Zidane und Ronaldinho sind drei Namen, die du mit Sicherheit kennst. Sie gelten als starke Spieler, die in der Regel auch viele Tore schießen und somit nicht unerheblich zu dem Sieg ihrer Mannschaften beitragen. Doch wusstest du, dass Theo Walcott aus England mehr Treffer in der Champions League erzielen konnte als Ronaldo, Zinedine Zidane und Ronaldinho zusammen?

44. Der Vater des ehemaligen englischen Fußballspielers Gary Neville heißt Neville Neville. Gary Neville arbeitet heute als Trainer.

45. Warum wird die WM 2022 in Katar für bierliebende Fans ein teures Vergnügen? Eine Palette Bier kostet dort nämlich circa 90 Euro, eine Flasche Gin circa 80 Euro. Der Grund dafür ist die sogenannte „Sündensteuer“, bei der zusätzliche Abgaben auf gesundheitsschädliche Güter berechnet werden.

Außerdem ist Alkoholkonsum in der Öffentlichkeit strikt verboten.

46. Cristiano Ronaldo gilt nicht umsonst als einer der stärksten und begehrtesten Spieler auf der Welt. Es ist ihm schließlich unter anderem gelungen, in den Halbfinalspielen der Champions League mehr Treffer zu erzielen, als es den anderen bekannten Spielern Messi, Suárez, Neymar und Ibrahimović zusammen möglich war.

47. Das Finale der WM 2022 in Katar findet planmäßig am vierten Adventsonntag, dem 18.12.2022 statt. Ein aufregendes Ereignis noch so kurz vor Weihnachten!

48. Wenn du an das Land Brasilien denkst, denkst du vermutlich an Brasiliens starke Nationalmannschaft. Die Brasilianer konnten die Weltmeisterschaft schon fünf Mal für sich ausmachen. Überraschenderweise kommt auch der schlechteste Fußballverein aus Brasilien: Dem brasilianische Íbis Sport Club gelang es, innerhalb von 70 Jahren insgesamt nur 62 Treffer zu erzielen. Im Durchschnitt erzielt der Club also nicht einmal einen Treffer pro Jahr.

49. Als einzigen Bundesligaspieler ist es Michael Nushöhr gelungen, drei Elfmeter in nur einem Spiel zu in Treffer zu verwandeln.

50. Während du vielleicht Fußballkarten und Sticker sammelst, hat es sich der Spieler Tomasz Hajto (Polen) anscheinend zur Mission gemacht, Gelbe Karten zu sammeln. Als er 1998/99 für Duisburg spielte, erhielt er in dieser Saison 16 Gelbe Karten. Ein beachtlicher Rekord!

51. Als Schalke 04 am 31.3.1973 gegen Hertha BSC spielte, trat die Mannschaft mit der jüngsten Startelf in der Liga-Geschichte auf. Das durchschnittliche Alter der Spieler lag bei nur 22,09 Jahren.

52. Stefan Effenberg konnte sich in dem Laufe seiner Karriere einen Namen als „Heißsporn" machen. Der Grund dafür ist unter anderem die Tatsache, dass er innerhalb von 370 Bundesliga-Spielen 114 Gelbe Karten einkassierte.

53. Die beiden Vereine Nürnberg und Bielefeld sind nicht nur Rekord-Aufsteiger, sondern auch Rekord-Absteiger: Beide Vereine sind sowohl sieben Mal aufgestiegen, als auch sieben Mal wieder abgestiegen.

54. Insgesamt 832 Mal saß der Cheftrainer Otto Rehhagel, der selbst als Spieler für FC Kaiserslautern von 1966 bis 1972 auf dem Platz stand, auf der Bank. Zählt man dazu seine „aktiven Jahre" als Spieler auf dem Feld, war er bei insgesamt 1033 Spielpartien anwesend.

55. Sicherlich haben viele Fußballprofis in jungen Jahren zu trainieren angefangen. Bis man sich jedoch auf dem Spielfeld beweisen kann, dauert es in der Regel ein wenig. Allerdings gilt Gerd Müller als jüngster Torschützenkönig: Bereits in einem Alter von nur 21 Jahren schoss er ein Tor nach dem anderen. Im Jahr 1967 erhielt er seine erste Torjägerkanone. Dabei handelt es sich um eine Auszeichnung, die der beste Torjäger der Bundesliga-Saison erhält.

56. Der jüngste Spieler, der je in der Bundesliga spielte, war Nuri Şahin mit nur 16 Jahren. Am 06.08.2005 stand er für Borussia Dortmund auf dem Platz und spielte mit der Mannschaft gegen Wolfsburg. Er gilt jedoch nicht nur als der einzige 16-Jährige, der in der Bundesliga spielte, er ist auch der jüngste Torschütze in der Bundesligageschichte. Nuri Şahin war zu diesem Zeitpunkt 17 Jahre, 2 Monate und 21 Tage jung.

57. In seiner gesamten Karriere ist es Rudi Kargus gelungen, insgesamt 23 Elfer abzuwehren. Damit hat er deutlich mehr Elfmeter abgewehrt als jeder andere Torhüter in der Geschichte der Bundesliga.

58. Zu insgesamt 15.394 Bundesligaspielen kamen 433.665.121 Zuschauer. Das sind im Durchschnitt 28.000 Zuschauer pro Spiel.

59. Wann gehen Fußballspieler in Pension? Wusstest du, dass der älteste Bundesligaspieler aller Zeiten Klaus Fichtel war? Als er seinen letzten Einsatz hatte, war er 43 Jahre und 184 Tage alt.

60. Natürlich gehört es bei Spielen immer dazu, dass eine Mannschaft eine Niederlage einsteckt. So ist es noch nie einer Mannschaft gelungen, ohne eine einzige Niederlage aus der Saison zu gehen. Allerdings ist es dem FC Bayern München in den beiden Saisons 1986/1987 und 2012/2013 gelungen, mit nur einer Niederlage durch die Saison zu gehen. Das hat sonst noch keine andere Mannschaft geschafft!

61. In der Regel spielen Spieler mehrere Bundesligen für eine Mannschaft in mehreren Jahren hintereinander. Doch das ist jedoch nicht immer so: Wolfang Böhni legte zwischen zwei Bundesliga-Spielen eine Pause von 16 Jahren und 245 Tagen ein.

62. Am ersten Spieltag der Saison 2010/2011 ist dem Spieler Youssef Mohamad, der damals für den 1. FC Köln spielte, gelungen, die Rote Karte nach nur 93 Sekunden nach dem Anpfiff zu erhalten. So schnell wurde noch kein anderer Spieler in der Geschichte der Bundesliga vom Platz gestellt.

63. Ein Tor ist eigentlich immer ein Grund zum Jubeln, oder? Na ja, außer es handelt sich um ein Eigentor. In der gesamten Bundesliga-Geschichte schon insgesamt 919 Eigentoren gefallen. Ganz schön viele!

64. Torschützen gibt es in der Geschichte des Fußballs viele. Sie erhalten, wenn sie besonders viele Tore geschossen haben, zum Ende der Saison einen Pokal als Auszeichnung. Neben den Torschützen, die auf das gegnerische Tor schießen und treffen, gibt es aber auch zwei ganz besondere Torschützen: Es handelt sich um Manfred Kalz und Nikolče Noveski. Beide schossen sechs Eigentore.

65. Bei dem FC Bayern München handelt es sich um einen Verein, der mehr als 950 Bundesligen gewinnen konnte. Das sind mehr Bundesligaspielgewinne, als jeder andere Verein für sich ausmachen konnte. 2015 ist es dem beliebten Fußball-Verein schließlich gelungen, die 1000-Siege-Markte zu knacken.

66. Natürlich hat jeder Spieler seine eigene Rückennummer. Die höchste Nummer, die je in der Bundesliga vergeben wurde, erhielt Andreas Görlitz. Er trug die Rückennummer 77.

67. Zirka 39,5 Prozent aller Bundesliga-Aufsteiger steigen direkt im ersten Jahr danach wieder ab.

68. Der Spieler Markus Schuler, welcher einst für Hannover und Bielefeld spielte, stand 182 Mal auf dem Platz. Er spielte damit die meisten Bundesligaspiele, ohne auch nur einmal ein Tor zu schießen.

69. Franck Ribéry ist ein Name, den du wahrscheinlich kennst. Das nicht ohne Grund: Bei diesem Spieler handelt es sich um einen sehr starken Spieler, der 423 Spiele in Serie spielte und dabei niemals eine Niederlage einstecken musste. Er hält damit den Bundesligarekord.

70. Es ist noch nie vorgekommen, dass ein Eröffnungsspiel der Bundesliga 0:0 ausgegangen ist.

71. Natürlich gibt es nicht nur die Deutsche Bundesliga, auch auf der ganzen Welt verteilt gibt es viele unterschiedliche andere Ligen. Wusstest du, dass die kleinste Liga der Welt auf den britischen Scilly-Inseln stattfindet? Es handelt sich dabei um die kleinste Liga der Welt, weil sie sich aus nur 2 Teams zusammensetzt.

72. Der Verein Karlsruher SC hat es geschafft, in der Bundesliga 1093 Tore zu erzielen. Im Gegenzug hat der Verein 1408 Gegentore kassiert, was dazu führt, dass der Verein eine negative Tordifferenz von – 315 Toren hat. Damit hat der Karlsruher SC die schwächste Tordifferenz aller Bundesligavereine. Auf dem zweiten Platz der negativen Tordifferenzen der

Vereine aus der Bundesliga steht der 1. FC Nürnberg. Dieser Verein hat eine negative Tordifferenz von -307 Toren.

73. Weißt du, was man unter einem „Hattrick" versteht? Ein Hattrick ist ein Spieler, der in nur einem Fußballspiel drei Tore erzielt hat. Den schnellsten Hattrick der Bundesliga-Geschichte hat der Spieler Michael Tönnies am 27.08.1991 erzielt. An diesem Tag spielte er mit seiner Mannschaft, dem MSV Duisburg, gegen den KSC und schoss zwischen der 11. und der 16. Spielminute drei Tore. Das Spiel konnte der MSV Duisburg mit einem Ergebnis von 6:2 für sich ausmachen.

74. Der Spieler, der am häufigsten ausgewechselt wurde, ist Gerald Asamoah (Ghana, Westafrika). Er wurde 139 Mal ausgewechselt.

75. Was war die kleinste Besucheranzahl bei einem Bundesliga-Spiel – noch bevor durch Corona Geisterspiele stattfinden mussten? Am 09.06.1973 besiegte Oberhausen Offenbach 2:1. An diesem Tag waren nur 800 Zuschauer anwesend.

76. Was war die torreichste Saison, die es jemals in der Bundesliga gab? Das war die Saison 1983/1984, es fielen nämlich ganze 1.097 Tore. Das sind durchschnittlich 3,58 Tore pro Spiel! Die torärmste Saison der Bundesliga war die Saison 1989/1990. In dieser ganzen Saison gelang es allen

Mannschaften zusammen, nur 790 Tore zu erzielen. Das macht im Durchschnitt circa 2,58 Tore pro Spiel.

77. Wer hatte in der Bundesliga eigentlich die meisten und wer die wenigsten Strafstöße? FC Bayern München hat von 291 Elfmetern 225 in Tore verwandelt. Ziemlich treffsicher!

78. Die kleinste Bundesligastadt in der Geschichte der Bundesliga ist Unterhaching. Das ist eine Stadt im Landkreis München in Bayern, welche im Jahr 2022 25.586 Einwohner zählt.

79. Kann man mit Fußfessel auf dem Fußballfeld stehen und mitspielen? Na klar! Zumindest hat das Jermaine Pennant gemacht. Er musste eine Strafe verbüßen, da er betrunken Auto gefahren war. Als seine Mannschaft Tottenham gegen Birmingham City spielte, durfte er zwar mitspielen – jedoch mit Fußfessel.

80. Der schnellste Platzverweis in der Geschichte des Fußballs erfolgte nicht einmal eine Minute nach Anpfiff. Im Jahr 1999 musste der Schiedsrichter einen Spieler namens Walter Boyed (FC Swansea) vom Platz holen, weil er während seiner Einwechslung einem seiner Gegenspieler ins Gesicht gespuckt hatte. Natürlich gab das für ihn leider die Rote Karte.

81. Wusstest du, dass das der Schnauzbart für lange Zeit ein Markenzeichen der deutschen Fußballspieler war? Zumindest international wurden die deutschen Spieler oft so in Karikaturen dargestellt. Die beiden letzten deutschen Nationalspieler mit Schnauzbart auf dem Feld waren Jürgen Kohler und Rudi Völler.

82. Das Stadion von Macapá befindet sich in Brasilien. Dieses Stadion ist besonders, weil die Mittellinie im Stadion genau auf der Äquatorlinie liegt. Das bedeutet also, dass die Mannschaften, die in diesem Stadion gegeneinander antreten, jeweils auf der südlichen und der nördlichen Hemisphäre gegeneinander spielen.

83. Das kleinste Fußballstadion der Welt ist das Henningsvær Stadion in einem norwegischen Fischerdorf. Dort gibt es weder Tribünen noch Zuschauerplätze, zieht aber dennoch viele Touristen an, da es auf der Klippe einer kleinen Insel gebaut wurde.

84. Wusstest du, dass Großbritannien mit England, Wales, Schottland und Nord-Irland vier Nationalmannschaften hat?

85. Obwohl der Vatikan kein Mitglied der FIFA ist, hat er dennoch eine eigene Nationalmannschaft.

86. Über die Hälfte aller Fußbälle werden in Pakistan, das ist in Südasien, hergestellt.

87. Cristiano Ronaldo hat im Jahr 2013 ein Museum eröffnet, in welchem es um seine Geschichte geht.

88. Wusstest du, dass Fußballer während eines einzigen Spiels durchschnittlich 11 Kilometer auf dem Spielfeld zurücklegen?

89. Das beste Frauenteam in der Schweiz trägt den Namen „Young Boys“.

90. Bayer Leverkusen kennt in Deutschland jeder unter dem Namen „Bayer Leverkusen“. Interessant zu wissen ist jedoch, dass dieser Verein im Ausland andere Bezeichnungen erhält. So heißt Bayer Leverkusen in Spanien „Las Aspirinas“ und in England trägt er den Namen „Neverkusen“.

91. Bei der Bundesliga geht es um den Titel, aber auch um die Meisterschale, die die Siegermannschaft mit nach Hause nehmen darf. Die Schale selbst hat nicht nur einen sehr großen emotionalen Wert, sie hat auch einen Versicherungswert von 50.000 Euro.

92. Spieler aus Angola, Portugal oder dem Iran lassen sich manchmal Künstlernamen geben, welche auf die Trikots gedruckt werden. Ihre echten Namen wären nämlich zu lang, um auf das Trikot zu passen.

93. Der älteste Spieler der Fußballgeschichte war Tercio Mariano de Rezende. Der 88-Jährige spielte im Verein Goiandira Esporte Clube in Brasilien.

94. Was macht man, wenn einem etwas weggenommen wird? Richtig: schmollen. Das hat Iván Luis Zamorano Zamora – ein chilenischer Nationalstürmer – bestens hinbekommen. Der Spieler spielte für eine Zeit bei Inter Mailand, dort trug er die Rückennummer 9. Allerdings musste er diese nach einiger Zeit an Ronaldo abgeben. Das ließ Iván Luis Zamorano Zamora nicht einfach so über sich ergehen und lief stattdessen mit der Rückennummer 18 auf den Platz. Zwischen die 1 und die 8 hatte er dabei aus Protest ein Pluszeichen gesetzt, um zu zeigen, dass die Rückennummer 9 ihm gehört.

95. Beim Fußball gibt es keine halben Sachen! Entweder ganz oder gar nicht, oder? In den 1940er-Jahren ist es dazu gekommen, dass im brasilianischen Bundesstaat Paraíba ein Spiel mit dem Stand 0,5:0 beendet wurde. Dieses Ergebnis kam zustande, weil der Ball, mit dem das Tor während eines Elfmeters geschossen werden sollte, platzte, bevor er im Tor landen konnte. In der Tat landete die Hülle nicht im Tor, sondern sauste daran vorbei. Die Luftblase des geplatzten Balls jedoch landete im Tor. Dies veranlasste den Schiedsrichter dazu, der Mannschaft ein halbes Tor zuzugestehen.

96. Es kommt recht oft vor, dass sich Spieler während einer Saison verletzen und für eine gewisse Zeit lang nicht auf dem Spielfeld stehen und spielen können. In der Tat verletzen sich durchschnittlich 81 Prozent aller Spieler mindestens einmal pro Saison. Das bedeutet im Umkehrschluss auch wieder, dass es nur ein Fünftel aller Spieler unversehrt durch die Saison schafft und ohne Verletzungen davonkommt.

97. Giovanni Trapattoni, ein ehemaliger italienischer Fußballspieler, hielt einst eine Wutrede, bei der unter anderem die bekannte Aussage „Schwach wie eine Flasche leer“ fiel. Insgesamt dauerte diese Wutrede, die er auf einer Bayern-Pressekonferenz hielt, ganze drei Minuten und 18 Sekunden.

98. Was haben Miroslav Klose und Lukas Podolski gemeinsam? Ganz einfach: Die Mütter der beiden spielten gemeinsam in der polnischen Handball-Nationalmannschaft.

99. Wusstest du, dass nur etwa jeder 50. Eckball am Ende auch zu einem Tor führt?

100. Die wahre Liebe zum Fußball kennt keine Grenzen. Das dachte sich auch Christoph Daum, ein ehemaliger deutscher Fußballtrainer. Er heiratete seine Frau Angelica im Mittelkreis im Kölner Stadion.

101. Wenn ein Spieler den Fußball mit voller Kraft kickt, kommt es durchaus vor, dass dieser schnell weite Strecken am Fußballfeld zurücklegt. Es ist sogar möglich, dass der Ball mit bis zu 25 PS über den Rasen saust.

102. Manuel Neuer, der sich im Bereich des Fußballs einer sehr großen Bekanntheit und Beliebtheit erfreut, begeistert seine Fans nicht nur mit seinen Leistungen im Tor. Im Film „Monster Uni“ spricht er in der deutschen Synchronisierung die Stimme des Monsters namens „Frank McCay“.

103. Bastian Schweinsteiger kann nicht nur Fußball spielen, er interessiert sich auch für andere Sportarten. So ist er in seiner Jugend zum Beispiel gerne Ski gefahren. Er stand sogar mit einem richtigen Team auf der Piste und ist auch gegen Felix Neureuther, einem bekannten deutschen Skirennläufer, angetreten.

104. Fußballstar Thomas Müller spielt nicht nur leidenschaftlich gerne Fußball, er besitzt sogar auch gemeinsam mit seiner Frau Lisa Pferde.

105. Wusstest du, dass Toni Kroos ein großer Fan der Band PUR ist? Er kann nicht nur all die Texte der Lieder auswendig, er ist auch seit vielen Jahren gut mit dem Frontman der Band befreundet.

106. André Schürrle ist ein bekannter Nationalstürmer und bekam einst von Chelsea-Trainer José Mourinho ein ganz besonderes, unerwartetes Geschenk: Nach einem Spiel entdeckte der Trainer auf einmal überraschenderweise einen Fernseher auf seinem Stuhl. Daraufhin beschloss er, das Gerät einem deutschen Spieler zu schenken. Es stellte sich heraus, dass der Fernseher als nette Geste eines Sponsors gedacht war.

107. Was würdest du sagen, wenn du die Mailbox deines Handys abhörst, eine Nachricht von Bundestrainer Joachim Löw vorfindest und gesagt bekommst, dass du für die EM nominiert bist? Was sich für die meisten wie ein Traum anhört, war für Schalke-04-Star Julian Draxler Realität. Im Jahr 2012 ging er noch zur Schule und absolvierte dort gerade sein Fachabitur. In der Pause hörte er die Nachrichten auf seiner Mailbox ab und stellte dabei fest, eine Nachricht von Bundestrainer Joachim Löw zu haben. Dieser teilte dem jungen Fußballspieler mit, dass er für die EM 2012 nominiert war.

108. Wenn man für eine Mannschaft spielt und Fan einer anderen Mannschaft ist, ist das eine ziemliche Zwickmühle. Das kennt BVB-Star Kevin Großkreutz sehr gut: Während er noch für LR Ahlen spielte, kam es zu einem Streit zwischen ihm und seinem Trainer Christian Wück. Der Grund für den Zoff war, dass der Fußballer zu den Auswärtsspielen von Borussia Dortmund fuhr. Das führte natürlich dazu, dass er zu seinem Training und seinen Spielen immer entsprechend müde erschien. Sein Trainer erteilte ihm daraufhin das Verbot, weiterhin zu den Auswärtsspielen von Borussia Dortmund zu fahren. Dieses Verbot ignorierte Kevin Großkreutz jedoch gekonnt.

109. Als optimale Graslänge, die das Gras auf einem Fußballfeld während des Trainings und des Spiels haben sollte, gelten circa 28 mm.

110. Ein Spieler, der bei seinen Fans vor allem wegen seiner kraftvollen Schüsse bekannt ist, ist der Mittelfeldspieler Ronny Heberson Furtado de Araújo aus Brasilien. Er kickt den Ball mit so viel Wucht, dass er einst bei Sporting Lissabon den Ball beim Freistoß mit einer Geschwindigkeit von ganzen 200 km/h ins Tor beförderte.

111. Auf den Färöer-Inseln weht in der Regel sehr starker Wind. Dieser ist dabei so heftig, dass es den Spielern erlaubt ist, bei einem Elfmeter einen dritten Spieler in den Strafraum zu stellen, um den Ball so besser festhalten zu können.

112. Das erste Basketballspiel, das je gespielt wurde, wurde nicht mit einem Basketball, sondern mit einem Fußball gespielt.

113. Wusstest du, dass Neil Armstrong, der erste Mensch auf dem Mond, einen Fußball auf seine Mission mitnehmen wollte, die NASA dies jedoch verhinderte, weil sie Fußball als „nicht amerikanisch genug“ einstufte?

114. In dem Spiel Sportivo Ameliano gegen General Caballero in Paraguay wurden in einem Spiel insgesamt 20 Rote Karten vom Schiedsrichter gezeigt.

115. Im Jahr 1978 wurde der Manager der Mannschaft Manchester United entlassen. Der Grund für die Entlassung von Sir Alex Ferguson war, dass er eine Dame beschimpft hatte.

116. Seit 2020 dürfen Kinder in England keine Kopfbälle mehr trainieren. Dieses Verbot sprach der englische Fußballverband aus, da Kopfbälle ein hohes Verletzungsrisiko des Kopfes mit sich bringen.

117. Wenn die Betten zu klein sind, dann kauft man sich einfach neue, oder? Das dachten sich zumindest die Spieler der spanischen Nationalmannschaft, als sie in ihrem

Teamhotel ankamen und dort feststellten, dass die Betten viel zu klein waren. Sie machten jedoch kein großes Problem daraus, sondern beschlossen schlicht und ergreifend, sich auf ihre eigenen Kosten neue Betten zu kaufen.

118. Wenn die Politik Spuren im Fußball hinterlässt, führt das dazu, dass der amerikanische Teamausstatter Nike, der viele Mannschaften mit seinen Sportartikeln versorgt, den Spielern der iranischen Nationalmannschaft keine Fußballschuhe zur Verfügung stellen darf. Der Grund für dieses Verbot liegt in den Sanktionen, die die USA gegen den Iran ausgesprochen hat.

119. Wusstest du, dass das Leben als Fußballfan ganz schön riskant sein kann? Das besagen zumindest einige Studien, die sich mit Fußballfans, dem Ansehen von Fußballspielen und der Gesundheit der Fans beschäftigt haben. Die Studien sagen dabei, dass vor und nach einem Fußballspiel ein dreimal so hohes Risiko besteht, einen Herzinfarkt zu erleiden, als dies im ohne Spie der Fall wäre. Das liegt daran, dass sich viele Fans so in das Spiel hineinsteigern, dass sie ihr Herz zusätzlich belasten. Allerdings gibt es bezüglich dieser Studie auch schon Entwarnung: Dieses erhöhte Risiko soll nur für Menschen gelten, die bereits ein vorgeschädigtes Herz haben und sich wirklich auch sehr stark in das Spiel hineinsteigern.

120. Den Fußball erkennt man an seiner schwarz-weißen Musterung. Doch warum ist der Fußball nicht einfach bunt? Der Grund für die Farbgebung des Fußballs liegt in der damaligen Schwarz-Weiß-Übertragung der Spiele im Fernsehen. Da das Bild in Schwarz und Weiß war, hätten die Zuschauer einen Ball in anderen Farben nicht im Fernseher verfolgen können. Aus diesem Grund hatte der Ball damals die Farben Schwarz und Weiß, was bis heute so geblieben ist.

121. Mario Balotelli ist ein bekannter Spieler, der in der Regel für die italienische Nationalmannschaft auf dem Platz steht. Er hat ein Hausschwein, das er „Super" getauft hat.

122. Wenn ein Fußballprofi arbeitslos werden sollte und sich dann an die Bundesagentur für Arbeit wendet, wird er dort als „Künstler" angeführt.

123. Wusstest du, dass es ein FC-Köln-Fan-Parfum mit dem Namen „Effcé Cologne" gab?

124. Wenn ein Spieler während des Spiels auf die Toilette muss, wird das Spiel nicht unterbrochen. Muss hingegen der Torhüter auf die Toilette gehen, wird das Spiel kurz ausgesetzt.

125. Wusstest du, dass Fußballprofis dreimal öfter an Demenz erkranken als Menschen, die nicht Fußball spielen?

126. Das längste Fußballspiel war wohl die Partie zwischen Cotswold Allstars und Cambray FC. Im Rahmen eines Benefiz-Spiels standen die beiden Mannschaften ganze 35 Stunden auf dem Platz. Das Spiel endete mit dem Ergebnis 333:293.

127. Manchmal kommt es bei Spielen zu einer Nachspielzeit, die in der Regel nicht allzu lange dauert. Bei dem Spiel mit der längsten Nachspielzeit handelt es sich jedoch um das Spiel zwischen Dostlukspor Bottrop und dem BW Wesel. Die Nachspielzeit in dieser Bezirksliga-Partie betrug ganze 28 Minuten.

128. Fußballspieler können nicht nur Fußball spielen, sondern haben oft auch andere Talente: Der ukrainische Spieler Nikolai Kutsenko (Ukraine) stellte im Jahr 1995 sogar einen Weltrekord auf, als er seinen Ball für 24 Stunden und 30 Minuten mit den Füßen und dem Kopf über dem Boden hielt. Diesen Weltrekord konnte bis heute noch niemand brechen.

129. Eigentlich besagen die Fußballregeln, dass ein Spieler während eines Spiels maximal zweimal die Gelbe Karte bekommen kann. Im Anschluss folgt ein Platzverweis. Der Schiedsrichter Graham Poll zeigte dem kroatischen Spieler Josip Šimunić, als er während der WM im Jahr 2006 mit der kroatischen Nationalmannschaft gegen Australien auf dem Platz stand, ganze dreimal die Gelbe Karte. Er hatte sich nämlich einmal den falschen Namen notiert und dachte deswegen, dass Josip Šimunić noch einmal die Gelbe Karte bekommen könnte.

130. Was bedeutet der Begriff „Schwalbe“ in der Fußballwelt? Sicherlich kennst du die Vögel, die man Schwalben nennt. Diese Tiere fliegen oft tief, mit wenig Abstand zum Boden. Als „Schwalbe“ im Fußball bezeichnet man jedoch einen absichtlich vorgetäuschten Sturz. Ein Spieler lässt sich dabei also absichtlich auf den Rasen fallen, um ein Foul vorzugeben und sich damit einen Strafstoß oder einen Elfmeter für die eigene Mannschaft zu verschaffen.

131. Anscheinend lieben nicht nur Menschen Fußball, sondern auch einige Tiere scheinen sich für diesen Sport zu begeistern. So landete im Jahr 2007, als die beiden Nationalmannschaften Finnland und Belgien für ein EM-Qualifikationsspiel auf dem Platz standen, eine Eule auf der Querlatte eines Tores. Der Schiedsrichter musste das Spiel kurz unterbrechen, die Finnen konnten das Spiel letztlich 2:0 gewinnen. Seitdem ist die Eule für die finnische Nationalmannschaft ein Glücksbringer.

132. Thomas Delaney spielt unter anderem für die dänische Nationalmannschaft. Der Spieler ist farbenblind und kann die Farben Rot und Grün weder sehen noch voneinander unterscheiden. Allerdings tragen die Spieler der dänischen Nationalmannschaft rote Trikots. Das hat dazu geführt, dass der Spieler schon einmal seinen Kollegen mit einem Spieler der gegnerischen Mannschaft verwechselt hat.

133. Wusstest du, dass England noch nie Algerien, Ghana, Südkorea und Saudi-Arabien besiegt hat?

134. Wusstest du, dass es sich beim Fußball erst seit dem Jahr 1863 um eine vollkommen eigenständige Sportart handelt? In diesem Jahr wurde nämlich die erste Football Association (FA) gegründet. Diese spielt bei der Entstehung des modernen Fußballs so, wie du ihn heute kennst, eine sehr große Rolle. Bis zu diesem Zeitpunkt waren Fußball und Rugby nahezu eine einzige Sportart. Sie teilten sich erst in zwei eigene Sportarten auf, als das Handspiel beim Fußball verboten wurde. Da die Rugby-Spieler das nicht wollten, trennte man die beiden Sportarten. Tatsächlich ist im Rugby auch weiterhin Handspiel erlaubt.

135. Der Torwart hat beim Fußball die Aufgabe, Schüsse abzuwehren. Doch manchmal kommt es auch vor, dass ein Torhüter ein Tor schießt. Torwart Hans-Jörg Butt stand im Jahr 2000 für die Mannschaft Hamburg SV im Tor und konnte 26 Tore erzielen. Er wurde somit zum Torschützenkönig seines Teams.

136. Den höchsten Sieg, den die deutsche Nationalmannschaft je für sich erzielen konnte, war am 1. Juli 1912, als sie gegen die Fußballnationalmannschaft des Russischen Reichs auf dem Feld standen. Die deutsche Nationalmannschaft konnte das Spiel mit einem Ergebnis von 16:0 für sich ausmachen.

137. „Wer austeilt, muss auch einstecken können." - So lautet zumindest ein bekannter Spruch. Die höchste Niederlage, die die deutsche Nationalmannschaft einstecken musste, war am 13. März 1909, als sie gegen England auf dem Feld stand und das Spiel mit 9:0 verlor.

138. Der Spieler Poulsen trägt nicht, wie es eigentlich üblich ist, seinen eigenen Namen auf dem Rücken seines Trikots. Stattdessen befindet sich dort der Name „Yuray". Das ist der Name seines Vaters, der starb, als der Spieler nur 5 Jahre alt war.

139. Auch Fußballspieler möchten sich ein zweites Standbein aufbauen. So kam es dazu, dass der Torhüter Kevin Trapp, der für Frankfurt im Tor steht, im Februar 2021 eine glutenfreie vegane Hafermilch auf den Markt brachte.

140. Der Spieler Jonas Hofmann betreibt gemeinsam mit einem Freund ein Subway-Restaurant in Sinsheim, Neckarsulm und Heidelberg. Er selbst sagt dazu, dass ihm dieses zweite Standbein mehr Sicherheit gibt.

141. Der Spieler Martin Hinteregger nutzt angeblich kein modernes Smartphone, sondern ein aufklappbares Handy, welches er nur zum SMS-Schreiben und Telefonieren benötigt. Er ist somit auch kein Teil der WhatsApp-Gruppe seiner Mannschaft.

142. Wie lautet Cristiano Ronaldos voller Name? Cristiano Ronaldo dos Santos Aveiro. Wusstest du das?

143. Der Spieler mit den meisten Platzverweisen ist Gerardo Bedoya. Er war vor allem von 1995 bis 2015 für unterschiedliche Vereine, wie CA Boca Juniors und Racing Club de Avellaneda tätig. Innerhalb seiner Karriere erhielt er ganze 46 Platzverweise.

144. Wie du mir, so ich dir! Das dachte sich vielleicht David Beckham, als er seinem Gegenspieler Simeone ein Bein stellte, über das dieser dann stolperte. Das tat er jedoch nicht ohne Grund: Vorher wurde David Beckham von Diego Simeone gestoßen und zu Boden gebracht. Beckham musste allerdings für das gestellte Bein den Platz verlassen, als ihm der Schiedsrichter die Rote Karte zeigte.

145. Wenn ein Spieler ein Tor schießt, ist das in der Regel ein Grund zum Jubeln. Aber wusstest du, dass die Fußballspieler während ihres Trainings nicht nur ihre Taktik und ihre

Ballfertigkeit trainieren, sondern teilweise auch Jubelposen einüben? Diese können sie dann, wenn sie ein Tor schießen, im Fußballstadion zeigen.

146. Als Pierre-Emerick Aubameyang und Marco Reus gemeinsam gegen FC-Schalke auf dem Platz standen, bejubelten sie ein gefallenes Tor für ihre Mannschaft mit zwei Masken, die sie sich aufzogen. Sie stellten mit ihnen das Duo Batman und Robin dar.

147. Wayne Rooney, der für Manchester United auf dem Platz steht, schoss gegen die Tottenham Hotspur ein Tor, das er mit einem Schatten-Boxkampf feierte. Dieser Schatten-Boxkampf endete mit einem gespielten K.O., bei welchem sich der Spieler zu Boden fallen ließ.

148. Als Änis Ben-Hatira einen Treffer gegen Schalke 04 erzielte, zog er sich daraufhin eine Spiderman-Maske auf. Das machte er aber nicht einfach so aus Spaß, um das Tor auf witzige Weise zu bejubeln. Vielmehr machte er es, weil er zuvor einem krebskranken Jungen versprochen hatte, sein nächstes Tor so zu feiern.

149. Als Giovane Elber in der Saison 1998/1999 eines seiner Tore damit bejubelte, indem er hinter das Tor lief und sich dann mit einem bayrischen Werbebanner einrollte, welches dort lag, führte das bei den Fans natürlich zu großer Begeisterung.

150. Serge Gnabry ist ein Spieler, der für den FC Bayern München auf dem Feld steht. Wenn er ein Tor schießt, bejubelt er dieses auf eine ganz besondere Art und Weise. Mit der Bewegung „Stir the Pot", tut er so, als würde er mit einem imaginären Löffel in einem imaginären Topf rühren.

151. Im Jahr 1950 ist es Indien gelungen, sich für die WM zu qualifizieren. Allerdings durfte die indische Mannschaft schlussendlich nicht an der WM teilnehmen. Der Grund dafür war, dass die FIFA den Spielern der indischen Nationalmannschaft verboten hatte, barfuß zu spielen.

152. In einer Weltmeisterschaft kann ein Spieler nur für eine Nationalmannschaft spielen, oder? Stimmt so nicht. Der lebende Beweis dafür ist der Spieler Dejan Stanković, der nicht nur für eine und auch nicht für zwei, sondern für ganze drei Nationen während der WM auf dem Feld stand. Er spielte für das ehemalige Jugoslawien, Serbien-Montenegro und Serbien.

153. Im Fußball ist es verboten, die Hand zu benutzen. Das stimmt eigentlich, doch dennoch ist es Diego Maradona gelingen, in einem WM-Viertelfinale ein Tor für Argentinien zu erzielen, indem er seine Hand benutzte. Warum er dafür keine

Karte von dem Schiedsrichter bekam? Ganz einfach – was der Schiedsrichter nicht weiß, macht ihn nicht heiß. Er hatte einfach nicht mitbekommen, dass Diego Maradona den Ball mit der Hand berührt hatte. Somit war das Tor gültig, Argentinien gewann das Spiel 2:1 gegen England und seit diesem Zeitpunkt trägt Maradona den Spitznamen „Hand Gottes".

154. Wenn die WM alle vier Jahre auftritt, spielt sich ein ganz besonderes Phänomen ab. Ganze 1,4 Millionen Arbeitnehmer sind während der WM sehr viel häufiger krank als sonst. Vor allem, wenn die WM-Spiele zu späten Abendstunden stattfinden, melden sich viele Arbeitnehmer am nächsten Tag krank. Komischerweise verschwindet diese plötzliche und nur alle vier Jahre auftretende „Krankheitsphase" nach der WM wieder.

155. Die meisten Tore in einem WM-Spiel erzielte Ungarn 1982 gegen El Salvador. Der ungarischen Mannschaft gelang es, 10 Tore zu schießen.

156. Es ist bislang nur acht Ländern gelungen, die WM zu gewinnen.

157. Wo findet die WM 2022 statt? In Lusail, das ist eine Stadt in Katar auf der arabischen Halbinsel.

158. Schokoladenriegel und Fußball – passt das zusammen? Na klar! Im WM-Viertelfinale 1966 spielten England und Argentinien gegeneinander. Der Argentinier Antonio Rattín erhielt die Rote Karte, weigerte sich aber, das Feld zu verlassen. Deshalb ergriffen die Zuschauer die Initiative, indem sie ihn mit Schokoriegeln bewarfen, bis er von der Polizei vom Feld geführt wurde.

159. Der WM-Pokal hat so großen Wert, dass die Siegermannschaft ihn zurück an die FIFA Zürich geben muss. Der WM-Siegerpokal, den die Mannschaft erhält, ist eine vergoldete Imitation.

160. In der WM 2010 gab es ein WM-Orakel: Krake Paul. Der Krake Paul ist jedoch nicht das einzige tierische Orakel, das bei einer WM zum Einsatz kam. Die Katze Achilles war ein weiteres tierisches WM-Orakel. Sie sollte den Gewinner der einzelnen Spiele vorhersagen können, indem sie aus zwei Futternäpfen wählte und somit das Gewinnerland nennt.

161. Im Jahr 2012 wurde Kuh Yvonne aus einem niederbayrischen Dorf dazu ausgewählt, den Sieger des ersten EM-Spiels vorauszusagen. Das Tier wurde vor zwei gut gefüllte Futtertröge gestellt, fraß aber leider aus dem falschen Trog und wählte so Portugal anstatt Deutschland als Sieger aus.

162. Vielleicht kennst du den Begriff „Heimvorteil“. Das bedeutet, dass bei einer WM beispielsweise das Land, in der die WM stattfindet, bessere Chancen hat, das Turnier zu gewinnen.

163. Seit 1930 hat es nur die Nationalmannschaft aus Brasilien geschafft, in jeder einzelnen WM-Endrunde dabei zu sein.

164. Im Jahr 1974 regnete es bei dem WM-Halbfinale so sehr, dass die Frankfurter Feuerwehr kommen und das Wasser vom Platz pumpen musste. Das Halbfinale glich eher einer Schlammschlacht, da der Ball ständig in Pfützen rollte und stecken blieb. Am Ende gewann die deutsche Nationalmannschaft 1:0 gegen Polen.

165. Im Jahr 1994 fand die WM in den USA statt. Als Teil der Zeremonie luden sie die Sängerin Diana Ross ein, die nicht nur mit einem Lied auftreten, sondern auch einen Ball in das Tor schießen sollte. So war das zumindest für die Eröffnungszeremonie geplant. Singend lief die Sängerin also durch das Stadion und schoss dann den Ball Richtung Tor. Allerdings landete der Ball nicht im Netz, sondern sauste an dem Tor vorbei. Während der Ball am Tor vorbeischoss, fiel dieses komplett in sich zusammen. Dieser etwas außergewöhnliche Start in die WM 1994 beeinflusste aber nicht den weiteren Verlauf. Die WM 1994 wurde ein großer Erfolg, mit vielen tollen und spektakulären Spielen und vielen Besuchern in den Stadien.

166. Während der WM 1990 stand der Spieler Gary Lineker für die englische Nationalmannschaft auf dem Feld und spielte mit ihr gegen die Nationalmannschaft aus Irland. Er hatte bereits vor dem Spiel ein etwas flaues Gefühl im Magen und in der zweiten Hälfte des Spiels war es dann schließlich passiert: Der Spieler hatte sich aus Versehen in die Hose gemacht.

167. Während der WM 2002 standen die Türkei und Korea gegeneinander auf dem Platz, um darum zu kämpfen, wer den dritten Platz in der WM bekommen würde. Nach nur elf Sekunden gelang es dem türkischen Nationalspieler Hakan Şükür, ein Tor zu schießen. Das blieb jedoch nicht das einzige Tor in diesem Spiel, da sich die Türkei am Ende den dritten Platz der WM mit dem Ausgang 3:2 sicherte.

168. Deutschland hat an 18 der insgesamt 20 Weltmeisterschaften teilgenommen. Nicht dabei war die deutsche Nationalmannschaft in der ersten WM 1930 in Uruguay. Die Reise war einfach zu aufwendig. Das zweite Mal war die Mannschaft nicht mit dabei, weil der Deutsche Fußballbund (DFB) im Jahr 1950 erst neu gegründet worden und somit noch kein Mitglied der FIFA war.

169. Die erste Weltmeisterschaft, an der die deutsche Mannschaft teilgenommen hatte, war in Italien im Jahr 1934. Sie schaffte es, den dritten Platz für sich auszumachen.

170. Die WM fand im Jahr 1966 in Großbritannien statt. Auch Nordkorea nahm an der WM teil, doch weil es politisch zwischen Großbritannien und Nordkorea Streitigkeiten gab, wollte England die Hymne der koreanischen Nationalmannschaft nicht spielen. Das führte dazu, dass im Jahr 1966 bei den WM-Spielen keine Hymne gesungen wurde. Es gab nur zwei Ausnahmen: Beim Eröffnungsspiel und beim Endspiel wurden die beiden Hymnen der spielenden Mannschaften gespielt.

171. Die deutsche Nationalmannschaft nahm bislang ganze elfmal an der EM teil.

172. Das erste EM-Spiel der deutschen Nationalmannschaft war im Jahr 1972. Die EM fand damals in Belgien statt und die deutsche National-Elf ging direkt als Sieger – Europameister – aus der EM hervor.

173. Insgesamt hat die deutsche Nationalmannschaft die EM dreimal gewonnen – im Jahr 1972, im Jahr 1980 und im Jahr 1996.

174. Als Island im Jahr 2016 in dem Rahmen der EM auf dem Platz stand und dafür nach Frankreich reiste, folgten 10 Prozent der ganzen Bevölkerung dem Team nach Frankreich. Da es sich bei Island um ein recht kleines Land mit nur 300.000 Einwohnern handelt, waren es am Ende 30.000 Fans, die gemeinsam mit der Nationalmannschaft des Landes nach Frankreich reisten.

175. Das erste Eigentor, das je in der EM gefallen ist, schoss Mats Hummels (Deutschland), als er gegen Frankreich auf dem Feld stand.

176. Als es bei dem Spiel zwischen Germania Halberstadt und Budissa Bautzen – zwei Mannschaften, die in der Regionalliga gegeneinander auf dem Feld standen – stark zu gewittern anfing, brach der Schiedsrichter das Spiel nach nur 17 Sekunden wieder ab.

177. Im Jahr 2016 musste ein Fußballspiel, das in Ecuador stattfand, abgebrochen werden, weil ein ganzer Schwarm Bienen auf dem Spielfeld gelandet war.

178. Der Schiedsrichter musste das Spiel zwischen den Kickers Offenbach und dem FC Memmingen im Jahr 1997 abbrechen. Weil nämlich das Stromnetz überlastet war, wurde es im Stadion auf einmal dunkel. Das Spiel zwischen den beiden Mannschaften wurde dann zu einem späteren Zeitpunkt wiederholt.

179. Als Schiedsrichter macht man sich nicht immer Freunde – das musste auch Martin Petersen am eigenen Leib erleben, als er das Spiel zwischen VfL Osnabrück und RB Leipzig pfiff. Die Fans von VfL Osnabrück waren nicht glücklich, als der Schiedsrichter dem RB Leipzig eine Ecke gab. Deshalb warf einer der Fans ein Feuerzeug nach dem Schiedsrichter, der daraufhin das Spiel abbrechen musste.

180. Eigentlich ist es für die Fans einer Mannschaft immer ein Grund zu feiern, wenn ein Tor fällt. Allerdings nicht, wenn das Tor – im wahrsten Sinne des Wortes – fällt. Das passierte im Jahre 1971, als Gladbach gegen Bremen spielte. Nach nur 12 Minuten brach ein Torpfosten und der Schiedsrichter brach das Spiel aus diesem Grund ab.

181. Als die brasilianische Frauennationalmannschaft für ein Trainingsspiel auf dem Feld stand, landete ein Papagei auf dem Kopf der brasilianischen Spielerin Bruna Benites. Er blieb dort für einige Augenblicke sitzen und breitete dann erneut seine Flügel aus, um wieder in den Himmel zu fliegen. Allerdings musste das Spiel für einige Momente unterbrochen werden.

182. In Australien kann es schon mal passieren, dass auch ein Känguru am Spiel teilnehmen möchte. Zumindest war das der Fall, als die beiden Mannschaften Belconnen United Blue Devils und Canberra Football Club gegeneinander auf dem Feld standen. Ein Känguru hatte sich das Spiel bereits vom Spielfeldrand angeschaut und flitzte dann über das Spielfeld. Es stellte sich in die Tore, sodass das Spiel unterbrochen werden musste, bevor es schließlich eingefangen werden konnte.

183. Tierischen Besuch gab es, als die beiden Mannschaften FC Dila Gori und Torpedo Kutaisi in Georgien auf dem Spielfeld standen und gegeneinander spielten. Während das Spiel in vollem Gange war, lief ein Hund auf das Spielfeld und legte sich vor dem Torhüter auf den Rücken. Das Spiel musste daraufhin unterbrochen werden, weil der Torhüter den Hund erst ausgiebig mit Streicheleinheiten versorgen musste. Erst als sich der Hund etwas ausgetobt hatte, konnte das Spiel fortgesetzt werden.

184. Eine Ordnerin musste am eigenen Leib erfahren, wie hart die Schüsse des Fußballstars Cristiano Ronaldo sein können: Der Fußballer kickte den Ball während des Aufwärmens so fest, dass er damit unabsichtlich eine Ordnerin traf und diese daraufhin bewusstlos wurde.

KAPITEL 3

BERÜHMTE SPRÜCHE UND ZITATE VON FUSSBALLLEGENDEN: SO TICKEN DIE PROFIS!

Hast du Lust, einige witzige Sprüche und Zitate zu erfahren? Na dann los!

185. Lothar Matthäus meinte einst: „Es ist wichtig, dass man neunzig Minuten mit voller Konzentration an das nächste Spiel denkt." Welche Motivation er wohl damit wecken wollte?

186. „Wir müssen jetzt die Köpfe hochkrempeln – und die Ärmel auch." Ein wunderbarer Versprecher von Lukas Podolski.

187. „Man darf jetzt nicht alles so schlechtreden, wie es war." Fredi Bobic hat mit diesem Spruch sicher einige Leute zum Schmunzeln gebracht.

188. „Man muss nicht immer das Salz in der Suppe suchen." – Ein Zitat von Philipp Lahm.

189. „Wenn schon vier Leute so viele Fehler machen, ist es vielleicht richtig, dass man auf eine Dreierkette umstellen sollte." Dieses Zitat stammt von Ralf Rangnick.

190. „Manchmal ergibt auch eine schwere Geburt ein schönes Kind." – Joachim Löw

191. Michael Duberry verteidigte so die Tortreffer eines Spiels: „Gut, er hat drei Tore geschossen. Aber abgesehen davon hatte ich ihn ganz gut im Griff."

192. „Er hat gezeigt, dass er in einer Minute ausgewechselt werden will." Als Mannschaft muss man immerhin zusammenhalten. Das dachte sich vermutlich auch Christoph Daum über einen Stinkefinger von Ulf Kirsten.

193. „Die Karten sind neu gewürfelt." Einer der legendären Sprüche von Oliver Kahn. In seiner Karriere hatte er noch einige weitere davon zum Besten gegeben.

194. „Es muss eine Kehrtwende geben. Und die muss 360 Grad sein." Schön, dass man dann damit wieder am Anfang wäre, aber vermutlich rechnet Eduard Geyer anders.

195. Michael Ballack gab mit dem nachfolgenden Spruch zu, dass er keine Rituale besitzt: „Ich habe keine Rituale, bloß die Dinge, die man immer gleich macht."

196. „Der Ball ist rund. Wäre er eckig, wäre er ja ein Würfel." Dieser kluge Hinweis stammt von Gyula Lorant.

197. „Wir müssen gewinnen, alles andere ist primär." - Hans Krankl

198. „Fußball ist Ding, Dang, Dong. Es gibt nicht nur Ding." - Giovanni Trapattoni

199. Auch von diesem Spruch war ich wahrlich beeindruckt: „Ich bin immer sehr selbstkritisch, auch mir selbst gegenüber." -Andreas Möller

200. „Die ersten 90 Minuten sind die schwersten." Gut, dass es keine weiteren 90 Minuten gibt, lieber Bobby Robson.

201. „Ich sage nur ein Wort: vielen Dank!" - Horst Hrubesch

202. „Ich habe es mir sehr genau überlegt und dann spontan zugesagt". Die Spontanität des Toni Polster ist also wirklich faszinierend!

203. Einer der berühmtesten Sprüche überhaupt: „Das Runde muss ins Eckige." - Helmut Schulte

204. „Die deutschen Spieler hören erst dann auf zu kämpfen, wenn sie im Bus sitzen." - Ronald Koeman

205. „Gib mich die Kirsche!“ -Lothar Emmerich

206. „Einige Leute halten Fußball für einen Kampf auf Leben und Tod. Ich mag diese Einstellung nicht. Ich versichere Ihnen, dass es weit ernster ist.“ -Bill Shankley

207. Als der Spieler Horst Hrubesch erklärte, wie seine Tore entstehen, erklärte er: „Manni Bananenflanke, ich Kopf – Tor.“ Na, wenn das keine ausführliche Erklärung ist!

208. Dafür, dass Spieler viel durch die Welt reisen und in unterschiedlichen Ländern auf dem Platz stehen, scheint sich Andi Möller nicht sonderlich gut mit der Geografie auszukennen. Denn, laut seiner Aussage befinden sich sowohl Mailand als auch Madrid in Italien. Seine genaue Aussage lautete: „Mailand oder Madrid – Hauptsache Italien!“

209. Bestimmt kennst du den Spruch, dass man nicht den Kopf in den Sand stecken darf. Lothar Matthäus, der für den FC Bayern auf dem Platz stand, wollte diesen Spruch anwenden, kam dabei aber etwas durcheinander, als er sagte, dass sie jetzt den Sand nicht in den Kopf stecken dürften.

210. Das englische Wort „feeling“ bedeutet auf Deutsch übersetzt „Gefühl“. Deswegen war es auch etwas doppelt gemoppelt, als Andi Möller meinte, dass er „vom Feeling her" ein gutes Gefühl hatte.

211. Ein Ball muss während des Spiels einiges aushalten. Das fand auch Franz Beckenbauer, der einst mitteilte, dass ihm der Ball am meisten leidtun würde.

212. Die wohl lustigste Wutrede hielt der Trainer und ehemalige Spieler Giovanni Trapattoni, als er auf einer Pressekonferenz bei Bayern München sprach. Erst fiel die Aussage: „Ein Trainer, nicht' ein Idiot!". Dann redete er sich immer mehr in Rage und ließ sich über die schwache Leistung der Spieler aus. Er meinte: „In diesem Spiel diese Spieler waren schwach wie eine Flasche leer." Damit war jedoch nicht genug. Vor allem über den Spieler „Strunz" schien er sich besonders aufzuregen, als er erst „Strunz!" rief und dann weitersprach. Er sagte „Strunz ist zwei Jahre hier, hat gespielt, zehn Spiele, ist immer verletzt!". Nachdem er mit dieser Aussage zum Ausdruck gebracht hatte, warum er so wütend war, fragte er empört, was sich Strunz erlauben würde: „Was erlauben Strunz?". Die Rede ging noch etwas weiter, bis er sie mit „Ich habe fertig!" beendete und den Raum verließ.

213. Aus Gelb mach' Rot! Das geht zügig, wenn man Willi Lippens heißt und meint, den Schiedsrichter eines Besseren belehren zu können. Als der Schiedsrichter ihm mit den Worten „Ich verwarne Ihnen!", die Gelbe Karte zeigte, antwortete Willi Lippens daraufhin „Ich danke Sie!". Daraufhin bekam er direkt die Rote Karte vom Schiedsrichter gezeigt und wurde des Platzes verwiesen.

214. Wenn eine Mannschaft verliert, heißt das, dass die gegnerische Mannschaft gewonnen hat. Oder? Was einst Trainer Otto Rehhagel sagen wollte, als er meinte, dass man als Mannschaft mal verliert und mal die gegnerische Mannschaft gewinnt, wusste er wahrscheinlich selbst nicht so genau.

215. Das Wort „regenerieren“ ist nicht so einfach auszusprechen. Zum Glück kennt die deutsche Sprache aber ein paar Alternativen, die man stattdessen gebrauchen kann. Das kam auch Karl Heinz Riedle zugute, als er Probleme mit dem Wort „regenerieren“ hatte. Er meinte: „Es war eine lange, kraftraubende Saison und ich werde mich erst regen..., regener... - ich fahr’ erst mal in Urlaub.“

216. Max Merkel merkte einmal an, dass es besser wäre, Maradona 10 Minuten lang dabei zuzusehen, wie er ein Auto wäscht, als dem Spieler Pflügler für 90 Minuten lang beim Fußballspiel zuzusehen.

217. Arrigo Sacchi ist sich durchaus darüber bewusst, dass es neben Fußball auch andere wichtige Sachen in der Welt gibt. Deswegen meinte er auch, dass es sich bei Fußball um die wichtigste Sache aller unwichtigen Dinge im Leben handelt.

218. Der Kommentator Heribert Faßbender teilte einst mit, dass Zuschauer das Spiel nicht zu früh abschalten sollten. Die Begründung dafür lautete, dass es noch schlimmer werden kann.

219. Gerhard Delling beschwerte sich einst darüber, dass die Luft, die nie im Spiel drinnen war, nun aus ihm raus ist.

220. Marcel Reif ist anscheinend nicht nur Kommentator, sondern möglicherweise auch Arzt. Denn von ihm stammt die Aussage: „Wenn Sie dieses Spiel atemberaubend finden, haben Sie es an den Bronchien."

221. Der Logik kann nichts widersprechen. Somit hatte Marcel auch vollkommen recht, als er sagte „Je länger das Spiel dauert, desto weniger Zeit bleibt."

222. Die beiden Ausdrücke „wahrscheinlich" und „auf jeden Fall" haben unterschiedliche Bedeutungen. Deshalb ist es auch nicht wirklich verständlich, ob Sean Dundee – ein ehemaliger deutscher Nationalspieler – nun wahrscheinlich beim KSC oder auf jeden Fall bei ihm KSC bleiben wird. Denn er meinte, dass er auf jeden Fall wahrscheinlich beim KSC bleiben würde.

223. Einige Fußballspieler scheinen vor Logik nur so zu strotzen. Denn, wie Matthias Sammer – ehemaliger Spieler und Trainer der Mannschaft Borussia Dortmund so treffend auf den Punkt brachte – ist das nächste Spiel immer das Nächste.

224. Es ist durchaus möglich, sich die Ärmel seines Pullovers hochzukrempeln. Doch wie sich Rainer Calmund das vorstellte, als er sagte, dass „er sich die Arme hochkrempelt", als er über Carsten Ramelow sprach, das weiß wohl nur er.

225. Manchmal muss man auch im Fußball Geld sparen. Zwar zahlen Vereine durchaus viel Geld an Spieler, damit diese in ihrer Mannschaft spielen. Rainer Calmund hingegen sah gar nicht ein, warum er viel Geld für einen Torwart bezahlen sollte. Er meinte, dass er sich lieber selbst ins Tor stellte, bevor sein Verein 15 bis 20 Millionen (damals Mark) für einen Torwart ausgeben müsse.

226. 50 Prozent ist die Hälfte von 100 Prozent. Wenn man also sagt, dass man zu 50 Prozent im Viertelfinale steht, dann ist das auch „die halbe Miete". Doch laut Rudi Völler, dem ehemaligen Nationaltrainer Deutschlands, ist das nicht so: Er teilte nämlich mit, dass die Mannschaft zu 50 Prozent im Viertelfinale steht, dass das aber noch lange nicht die halbe Miete ist. Was denn nun, Herr Völler?

227. Nun ja, motiviert und siegessicher klang Marco Rehmer, der unter anderem für Hertha BSC Berlin auf dem Platz stand, als er meinte: „Okay, wenn wir verlieren, fahren wir wieder nach Hause“. Vollkommen logisch, Herr Rehmer!

228. Normal sagt man, dass man das Licht am Ende des Tunnels sehen kann. Doch Stuart Pearce – Nationalspieler für England – teilte mit, dass er die Karotte am Ende des Tunnels sehen konnte.

229. Wenn etwas wahr ist, dann heißt das, dass es stimmt. Aber nicht, wenn man Stefan Reuter fragt. Denn er sagte einst, dass nicht immer alles wahr ist, was stimmt.

230. Bei dem ehemaligen Stürmer des 1. FC Köln, Toni Polster, scheint alles positiv zu sein. Er teilte nämlich einst mit, dass er ein Optimist und sogar seine Blutgruppe positiv sei.

231. Thomas Strunz, der einst für den VfL Wolfsburg und für den FC Bayern München spielte, teilte einst mit, dass das Schönste an Stuttgart die Autobahn wäre, die nach München führt.

232. Dass es das Fußballspiel so überhaupt geben kann, liegt unter anderem daran, dass sich die Spieler auf dem

Feld den Ball hin und her spielen. Helmut Schulte sah das anscheinend anders, da er die Spieler als das größte Problem beim Fußball ansah und anschließend mitteilte, dass alles gut wäre, wenn man sie abschaffen würde. Auch eine interessante Sichtweise!

233. Schon wieder ein Meister der Logik: Gyula Lorant brachte treffend auf den Punkt, dass der Ball rund wäre. Denn wenn er eckig wäre, dann wäre er ja ein Würfel.

234. Gary Lineker teilte einst mit, dass es sich beim Fußball um ein sehr einfaches Spiel handele. „22 Männer jagen 90 Minuten lang einem Ball nach und am Ende gewinnen immer die Deutschen." Wenn es doch so einfach wäre...

235. Wenn es einem Torwart gelingt, das ganze Spiel hinweg jeden Ball zu halten, der auf das Tor zugeschossen wird und er sicherstellt, dass die gegnerische Mannschaft kein Tor erzielt, dann fällt nicht selten der Spruch: „Der Torwart hat den Kasten sauber gehalten".

236. Wenn sich ein Spieler bei einem Zweikampf mit einem anderen Spieler etwas zu heftig duelliert, dann bezeichnen die Kommentatoren das in der Regel als „Übermotivation".

237. Vielleicht hast du schon einmal etwas von der Bezeichnung „Staubsauger vor der Abwehr“ gehört. Oft nutzen Kommentatoren diese Bezeichnung, wenn sie von den Spielern sprechen, die der Abwehr den Rücken freihalten sollen, sodass die Abwehrspieler die Bälle der gegnerischen Stürmer besser abfangen können.

238. In den meisten Fällen betreten Mannschaften das Spielfeld mit einer Taktik, die sie dann auch umsetzen. Doch manchmal halten sich die Spieler zum Ende des Spiels nicht mehr an die Taktik, sondern sie setzen auf den Kampfgeist und geben noch einmal alles für den Sieg. Wenn das passiert, wird das von den Kommentatoren oft gemeint, dass „die Spieler nun die Brechstange auspacken“.

239. Wenn es nicht ausreicht, dass die Spieler alles auf dem Feld geben, um den Sieg für sich ausmachen zu können, dann sagen die Kommentatoren gerne, dass es jetzt notwendig ist, 110 Prozent zu geben.

240. Ein Spiel, welches auch nach der Verlängerung immer noch unentschieden ist, trägt auch den Namen „K.O.-Spiel“.

241. Kommt es zum Elfmeterschießen zwischen zwei Mannschaften, bezeichnen die Kommentatoren dieses oft als „Lotterie“.

242. Ist ein Spiel besonders spannend mitanzusehen und liefern die Spieler taktisch kluge und spektakuläre Aktionen, dann kommentieren die Kommentatoren das in der Regel mit dem Ausdruck „das Team feuert ein echtes Feuerwerk ab“.

243. Normalerweise sind die Stürmer einer Mannschaft dafür verantwortlich, die Tore zu erzielen. Wenn sie jedoch Chancen auf einen Torschuss haben und diese nicht nutzen, bezeichnen die Kommentatoren das in der Regel als „Chancentod“.

244. Richard Golz meinte einmal: „Ich habe nie an unserer Chancenlosigkeit gezweifelt.“

245. „Das habe ich ihm dann auch verbal gesagt.“ - Was der Spieler Mario Basler damit sagen wollte, weiß vermutlich nur er.

246. „Das ist Schnee von morgen.“ Jens Jeremies hat mit dieser Aussage den Nagel auf den Kopf getroffen.

KAPITEL 4

FUSSBALL-LEXIKON: WICHTIGE UND INTERESSANTE BEGRIFFE UND REGELN RUND UM DEN FUSSBALL

Wenn du über Fußball sprichst, ist es nicht nur interessant, ein paar spannende Fun Facts zu wissen. Ebenso faszinierend ist es, sich über bestimmte Begriffe zu unterhalten, die in der Welt des Fußballs eine wichtige Rolle spielen. Aus diesem Grund findest du in diesem Kapitel dieses Faktenbuchs rund um den Fußball nicht nur wissenswerte Fakten, du erhältst auch eine Erklärung der wichtigsten Begriffe, die im Fußball immer wieder vorkommen.

247. Von einem Abstaubertor ist dann die Rede, wenn ein Spieler den Torwart aus dem Tor lockt, indem er ihn beispielsweise einen Ball abwehren lässt. Steht ein weiterer Spieler in der Nähe und befindet sich in der richtigen Position, kann dieser, während der Torwart auf dem Boden liegt, den Ball in das Netz befördern und somit das Tor „abstauben".

248. Weißt du, was in der „dritten Halbzeit" passiert? Hier treffen sich die Fußballfans nach dem Spiel beispielsweise im Biergarten oder im Gasthaus und plaudern über das gerade stattgefundene Fußballspiel.

249. Oft kicken Spieler, die nicht wirklich sicher auf dem Spielfeld sind, den Ball einfach hin und her, ohne eine bestimmte Taktik zu verfolgen. Das heißt, dass hinter dem Spiel mit dem Ball kein größerer Sinn steckt. Deshalb nennt man diese Spielweise „Alibi-Pässe".

250. Weißt du, was eine „Englische Woche“ ist? Dieser Begriff kommt aus dem Cricket und bedeutet, dass eine Mannschaft innerhalb einer Woche drei Spiele zu absolvieren hat.

251. Es passiert immer wieder, dass Mannschaften absteigen und gleich wieder aufsteigen. Durch dieses ständige Auf- und Absteigen zwischen den Ligen tragen diese Mannschaften oft auch die Bezeichnung der „Fahrstuhlmannschaften“. Bekannte „Fahrstuhlmannschaften“ aus Deutschland sind unter anderem der 1. FC Nürnberg, Arminia Bielefeld, der Hertha BSC, MSW Duisburg und auch VfL Bochum.

252. Wusstest du, dass ein Torwart als „Fliegenfänger“ bezeichnet wird, wenn er mehrere Schüsse hintereinander nicht abfängt und den Ball ins Netz sausen lässt?

253. Wenn Spieler auf dem Fußballfeld durch ihr Spiel besonders auffallen wollen, dann sagt man dazu auch, dass sie „für die Galerie spielen“. Das heißt, dass sie vor allem für die Zuschauer spielen. Wie die gegnerische Mannschaft darauf reagiert, ist immer unterschiedlich. Während bei einigen Mannschaften das Selbstbewusstsein darunter leidet und sie sich schwächer oder eingeschüchtert fühlen, werden andere Mannschaften dadurch motiviert und bemühen sich noch mehr, das Spiel für sich zu entscheiden.

254. Wusstest du, dass Fußballspieler je nach Position auf dem Spielfeld verschiedene Arten von Stollenschuhen tragen?

255. Vielleicht hast du schon einmal etwas von einem Geisterfahrer gehört. Darunter versteht man bekanntlich ein Auto, das auf der Autobahn in die falsche Richtung fährt. Im Fußball gibt es zwar keine Geisterfahrer, dafür aber sogenannte Geisterspiele. Diese kommen zwar nur sehr selten vor. Na ja, in Zeiten von ansteckenden Krankheiten doch etwas öfter! Bei einem Geisterspiel dürfen keine Fans in das Stadion und die Mannschaft muss allein und ohne die direkte Unterstützung der Fans spielen. Die Fans können sich jedoch das Spiel zu Hause im Fernsehen live ansehen.

256. Wenn der Ball durch die Beine eines Spielers rollt, dann heißt das „Tunnel".

257. Nach der ersten Halbzeit treffen sich die Spieler der Mannschaft mit ihrem Trainer in der Kabine. Dort können sie über die erste Halbzeit sprechen und unter Umständen neue Taktiken besprechen. Vor allem, wenn eine Mannschaft in der ersten Halbzeit nicht sehr gut gespielt hat und in der zweiten Halbzeit eine sehr viel bessere Figur auf dem Platz macht, sagt man in der Regel, dass die „Kabinenpredigt", die der Trainer in der Pause gehalten hat, gewirkt hat.

258. Wenn ein Spiel 0:0 endet, trägt das oft auch die Bezeichnung der „Nullnummer“.

259. Wenn ein Schuss nicht gelingt, dann nennt man das eine „Kerze“. Das passiert dann, wenn der Ball fast senkrecht zurück auf den Boden fällt.

260. Wenn ein Fußballspiel nicht sonderlich interessant ist und man als Zuschauer nicht viel Spaß daran hat, dem Spiel zu folgen, dann kann das unter anderem auch als „Sommerfußball“ bezeichnet werden. Die Spieler spielen den Ball zwar hin und her, doch es passiert nichts Spektakuläres.

261. Vielleicht weißt du, dass ein Fußball in der Regel nicht mit der Spitze des Fußes geschossen werden sollte. Wenn das aber doch passiert, und ein Fußballer den Fußball mit der Spitze seines Schuhs trifft, dann trägt das die Bezeichnung „Picke“.

262. Du als Fan trägst im Fußball den Namen „zwölfter Mann“. Die Fans tragen nämlich mit ihren Gesängen, ihrem Klatschen und auch anderen Aktionen sehr stark zu der Motivation der Spieler bei. Sie sind also sozusagen als „zwölfter Mann“ ein Teil des Fußballteams.

263. Wenn ein Spieler einen Ball über eine größere Entfernung hinweg über das Spielfeld kickt, kommt es manchmal dazu, dass der Ball schief über das Feld fliegt. Manchmal sieht es dann so aus, als würde er in der Form einer Banane über den Platz fliegen. Einen solchen Schuss nennt man deshalb auch „Bananenflanke“.

264. Wenn es ein Spieler schafft, ganz allein ohne einen weiteren Mitspieler den Ball an mehreren Abwehrspielern der gegnerischen Mannschaft vorbeizuspielen, trägt das auch die Bezeichnung „Durchtanken“.

265. Fällt ein Tor, welches der Torwart eigentlich gut hätte halten müssen, dann bezeichnet man dieses als „Eiertor“.

266. Wird der Ball in das Tor geschossen, wird er logischerweise vom Netz abgefangen. Deswegen spricht man nach einem Torschuss auch vom „Einnetzen“.

267. Wusstest du, dass ein missratener Pass zu einem anderen Spieler auch „Gurkenpass“ genannt wird?

268. Bei Turnieren teilen sich die einzelnen Mannschaften in Gruppen auf. Innerhalb dieser Gruppen treten sie dann gegeneinander an. Besteht eine Gruppe nur aus starken

Mannschaften, dann trägt ihre Gruppe oft die Bezeichnung „Todesgruppe“ oder „Hammergruppe“.

269. Bei dem sogenannten „Golden Goal“ handelte es sich früher um eine Regelung, die besagte, dass die Mannschaft, die während der Nachspielzeit das erste Tor schießt, das Spiel gewinnt. Allerdings führte diese Regel dazu, dass die meisten Mannschaften, wenn das Spiel 0:0 endete und sie aus diesem Grund in der Nachspielzeit weiterspielen mussten, sehr defensiv spielten. Somit gab es auf dem Feld keine spektakulären Aktionen und die Regel wurde dann wieder abgeschafft.

270. Im täglichen Leben kann eine Notbremse sehr wichtig sein und unter Umständen sogar Leben retten. Im Fußball hat eine Notbremse jedoch eine ganz andere Bedeutung und wird sogar mit einer Roten Karte bestraft. Eine Notbremse liegt nämlich dann vor, wenn der Verteidiger vor dem Tor den Stürmer foult, um so zu verhindern, dass er den Ball ins Tor schießen kann. Wenn ein solches Foul vorliegt, bestraft der Schiedsrichter diese „Notbremse“ in der Regel direkt mit einer Roten Karte. Sollte der Spieler hingegen versuchen, „die Notbremse zu ziehen“, ihm das aber nicht gelingt, wird dieser Versuch mit einer Gelben Karte bestraft.

271. Einer der häufigsten Begriffe beim Fußball ist eindeutig das Wort „Abseits“. Hierbei handelt es sich um eine Regelverletzung, die von der angreifenden Mannschaft begangen wird.

272. Der Abstieg einer Mannschaft beschreibt das Heruntersetzen in der Liste der Liga. Darin werden die erfolgreichsten Mannschaften aufgelistet.

273. Das Wort „Blutgrätsche" hört sich schon schlimm an, oder? Es handelt sich dabei um eine besonders aggressive Form des Tacklings. Beim Tackling soll der gegnerische Spieler mit Grätschschritten davon abgehalten werden, sich den Ball zu holen.

274. Die Fankurve ist keine neue Art des Tanzes, sondern beschreibt in einem Stadion die Ebene, in der Fans eines Vereins stehen. Diese Fankurve befindet sich meist im Stehbereich des Stadions.

KAPITEL 5

WOW! ATEMBERAUBENDE FAKTEN ÜBER DIE WELTWEIT GRÖSSTEN FUSSBALLSTADIEN

Fußballstadien gehören zum Fußball einfach mit dazu. Auf der ganzen Welt gibt es viele davon und ein Bauwerk ist spektakulärer als das andere. Damit auch du die schönsten und größten Stadien einmal in deinem Leben besuchen kannst, hast du hier eine Übersicht.

275. Der Signal Iduna Park liegt direkt in Dortmund und ist vor allem in Deutschland sehr bekannt. Warum wird dieses doch recht schlicht aussehende Stadion nun genau hier erwähnt? In dieses Fußballstadion passen mehr als 80.000 Menschen und es zählt damit zu den größten „Fußballtempeln" Deutschlands.

276. Die Allianz-Arena in München ist gleich auf Platz zwei unserer Aufzählung der größten deutschen Fußballstadien. Es ist das Heimstadion einer der beliebtesten Fußballmannschaften in Deutschland, dem FC Bayern München. Insgesamt haben im Stadion 75.000 Fans Platz. Die Außenhaut des Stadions ist mit Luftkissen überzogen.

277. Wenn wir die größten und schönsten Fußballstadien aufzählen, dann kommen wir auch an Camp Nou nicht vorbei. Es steht in Barcelona und stellt den Austragungsort der Spiele der Nationalmannschaft des Landes dar. Es passen bis zu 100.000 Zuschauer in das Stadion.

278. Im Ort Coyoacán (Mexiko) wurde vor vielen Jahren eine Arena gebaut. Anlass war eine Weltmeisterschaft, die 1970 abgehalten wurde. In das Aztekenstadion in Coyoacán passen rund 107.000 Menschen. Eine gewaltige Zahl! Bis heute finden die Heimspiele des Vereins in diesen schon etwas älteren Gebäuden statt.

279. Das Velký strahovský stadion in Prag ist vielleicht nicht unbedingt das schönste seiner Art, aber es beeindruckt wegen seiner massiven Größe. Mit einer Kapazität von 250.000 Zuschauerplätzen soll es als größtes Fußballstadion aller Zeiten gelten.

280. Die Pancho Arena in Ungarn beeindruckt mit seiner außergewöhnlichen Dachkonstruktion, die aus Holz gefertigt wurde. Die Säulen der Arena sind spektakulär und sorgen für eine besondere Atmosphäre.

281. Das Stadio Nereo Rocco in der italienischen Stadt Triest hat keine besondere Konstruktion, wenn man von den Tribünen absieht. Diese sind rechteckig und nach oben hin abgerundet, wodurch sie besonders auffällig sind. Das Stadion bietet Platz für bis zu 28.500 Zuschauer.

282. Geht es allein um die Größe der Stadien, so kann man auch das Texas Memorial Stadium in den USA mit 100.119 Zuschauerplätze mit aufzählen.

283. Getoppt werden kann das Texas Memorial Stadium nur noch durch das Ohio Stadium in den USA mit 104.944 Zuschauerplätzen.

284. Normalerweise besteht ein größeres Fußballstadion aus vier Tribünen. Nicht jedoch das Mmabatho Stadium im südafrikanischen Mafikeng. Es hat mehrere Besonderheiten, wenn es um die Anzahl und die Form der Tribünen geht. Diese sind nämlich dreieckig, was ziemlich selten vorkommt und spektakulär aussieht. In dieses Stadion passen bis zu 50.000 Zuschauer.

285. Auch das La Bombonera in Buenos Aires hat einige Besonderheiten zu bieten, wenn es um die Tribünen geht. Diese sind sehr eng und steil. Dadurch erzeugte man eine Art Megafon, wenn die Fangemeinde zum Gesang ansetzt.

286. Das Estadio Municipal in Braga (Portugal) sieht aus, als hätte man es direkt in einen Berg hineingebaut. Es bietet auf einer Seite eine geniale Aussicht, da es direkt in den Felsen hineingearbeitet wurde.

287. Beeindruckend ist auch das Marina Bay Floating Stadium in Singapur. Dieses Meisterwerk wurde direkt auf dem Wasser errichtet. Das Spielfeld liegt direkt auf dem Wasser, die Tribünen wurden an den „Strand“ gebaut und bieten Platz für rund 30.000 Zuschauer.

KAPITEL 6

REKORDTRANSFERS UND ATEMBERAUBENDE FAKTEN ÜBER DEN MARKTWERT BERÜHMTER SPIELER

Natürlich haben Fußballspieler Verträge mit dem Club, für den sie auf dem Feld stehen. Doch wusstest du, dass in einigen dieser Verträge ganz besonders interessante Dinge enthalten sind? Einige Fakten der spektakulärsten Verträge findest du in diesem Kapitel. Viel Spaß!

288. Die Spieler, die für Paris Saint-Germain auf dem Platz stehen, erhalten eine Ethik-Prämie, wenn sie die Regeln befolgen, die der Verein aufstellt. Das heißt, dass sie Geld bekommen, wenn sie sich an die geltenden Regeln halten. Dazu gehört beispielsweise der respektvolle Umgang mit den Medien, Pünktlichkeit und das Verzichten auf den Abschluss von Sportwetten. Dazu gehört auch, dass sie nach jedem Spiel den Fans zuwinken. Sollten sie dies nicht tun, bekommen sie Teile des Bonus gestrichen. Ein Spieler, der von solchen Prämien profitieren soll, ist Neymar. Er soll angeblich ganze 375.000 Euro Prämien im Monat erhalten.

289. Wusstest du, dass der weltweit reichste Fußballspieler Faiq Bolkiah heißt und spielt aktuell für den Chonburi FC in Thailand? Er ist 24 Jahre alt, sein Privatvermögen wird auf 15 Milliarden US-Dollar geschätzt.

290. Als Mario Balotelli im Jahr 2014 zum FC Liverpool wechselte, stand einst in seinem Vertrag, dass er eine Prämie erhalten würde, wenn er nicht öfter als dreimal wegen Beleidigungen oder gewalttätigen Aktionen vom Platz gestellt wird. Diese kleine Klausel scheint ihre Wirkung gezeigt zu haben, denn hielt sich an die Abmachung und konnte sich diese Prämie sichern.

291. Als der Uruguayer Sebastian Coates im Jahr 2016 von dem Club Sunderland zu Sporting Lissabon wechselte, wurde in seinem Vertrag festgehalten, dass er in Zukunft nicht mehr seine roten Schuhe auf dem Spielfeld tragen dürfe. Der Grund dafür war, dass Rot auch als Farbe des Clubs Benfica, also des direkten Rivalen des Clubs, angesehen wurde.

292. Was macht ein Fußballspieler im All? Eine berechtigte Frage! Der schwedische Fußballprofi Stefan Schwarz teilte einst mit, dass er gerne einmal ins All fliegen würde. Als er im Jahr 1999 von dem Club FC Valencia zu dem Club AFC Sunderland wechselte, stand sogar in seinem Vertrag, dass er nicht ins All fliegen dürfe.

293. Wenn sich Fußballspieler verletzen, fallen sie im schlimmsten Fall für mehrere Wochen oder gar Monate aus. Das wollte der FC Liverpool im Jahr 1992 nicht riskieren, als der Club den Norweger Stig Inge Bjørnebye verpflichtete. Der Club wusste, dass der Spieler gerne gelegentlich seinem Hobby, dem Skispringen, nachging. Da der Club aber dieses große Verletzungsrisiko nicht eingehen wollte, wurde im Vertrag vereinbart, dass sich der Fußballspieler einer Skisprungschanze nicht nähern durfte.

294. Eine Sache, die sich der Spieler Rolf-Christel Guié-Mien im Jahr 1999 in seinen Vertrag schreiben ließ, war ein Kochkurs für seine Frau – im Gegensatz zu manch anderen Klauseln, die sich andere Spieler in ihren Vertrag schreiben ließen, ist das ja noch recht bescheiden.

295. Da der niederländische Spieler Dennis Bergkamp unter Flugangst leidet, hat er sich in seinen Vertrag schreiben lassen, dass er zu Spielen immer mit dem Auto oder mit dem Zug gebracht werden möchte, damit er nicht mit dem Flugzeug fliegen muss. Er musste also nur dann in ein Flugzeug steigen, wenn es sich absolut nicht vermeiden ließ.

296. Chelsea gab im Jahr 2012 40 Millionen Euro aus, um den Spieler Hazard aus dem Verein Lille zu holen und für sich zu gewinnen. Allerdings musste der Verein nicht nur eine Ablöse an den Club zahlen, sondern auch allen Spielern des Vereins jeweils 10.000 Euro zukommen lassen. Das war eine Entschädigung dafür, dass sie ihren stärksten Spieler verloren.

297. Mit einer Rekordsumme von 222 Millionen Euro wechselte der Spieler Neymar in einen anderen Verein. Er war zuvor beim FC Barcelona. Der damalige Fußballverein verlangte diese Summe, um den Spieler behalten zu dürfen. Niemand dachte, dass ein Club wirklich bereit wäre, diese hohe Summe zu bezahlen. Falsch gedacht! Paris Saint-Germain belehrte den FC Barcelona eines Besseren.

298. Fast genauso ging es auch dem Spieler Kylian Mbappé, der damals zu Real Madrid wechseln sollte. Er wechselte für eine Rekordsumme von 180 Millionen Euro.

299. Für 120 Millionen Euro wechselte der Spieler Philippe Coutinho 2018 vom FC Liverpool zum FC Barcelona.

300. Kennst du Ousmane Dembélé? Er galt sehr lange als großes Fußballtalent und spielte bei Borussia Dortmund. Dort wurde er mit einer Summe von 105 Millionen Euro abgelöst, wobei noch eine Bonuszahlung von 42 Millionen Euro hinzukam. Auch er wechselte zu FC Barcelona.

301. Eden Hazard entschied sich ebenfalls den Verein zu wechseln und verließ Real Madrid. Er wechselte für 100 Millionen Euro und eine Bonuszahlung in der Höhe von 45 Millionen Euro zu Newcastle United.

302. João Félix wechselte den Verein für 126 Millionen Euro. Für den Spieler zahlte man deswegen so viel, weil er als der „neue Cristiano Ronaldo“ galt.

303. Auch Cristiano Ronaldo bekommt Rekordsummen für einen Vereinswechsel. Er wechselte für 117 Millionen Euro zu Juventus Turin.

KAPITEL 7

GIRLPOWER: VERRÜCKTE FAKTEN ÜBER FRAUENFUSSBALL

Frauenfußball ist in Deutschland zwar nicht ganz so hoch angesehen, aber man muss ehrlich zugeben, dass auch die Damen wirklich spektakulär spielen. In diesem Kapitel findest du interessante Fakten über Frauenfußball!

304. Frauenfußball sollte keine Randerscheinung mehr sein, denn es gibt mittlerweile über 200.000 angemeldete Fußballerinnen.

305. Die UEFA gab bekannt, dass es in Deutschland leider keine einzige gelistete Profispielerin gibt.

306. Frauen geben sich im Fußball mit einem geringeren Gehalt zufrieden als Männer.

307. Die Zuschauerzahl bei den Frauen ist wesentlich geringer: Auch wenn es sich um echte Top-Spiele handelt, kann man gerade einmal knapp 1000 Zuschauer im Stadion zählen.

308. Ein Publikumsmagnet beim Frauenfußball sind jedoch die Spiele der Nationalmannschaften. Die DFB-Damen werden im Schnitt von fast 7000 Fans begleitet.

309. Wusstest du, dass Frauenfußball erst seit 1970 offiziell anerkannt ist?

310. Frauenfußball galt als verpönt, bis der Sport 1970 anerkannt wurde. Damals mussten die Frauen im Winter pausieren und durften auch ein halbes Jahr lang keine Stollenschuhe tragen.

311. Im Fußball konnte die Frauennationalmannschaft schon einige Erfolge erzielen. Darunter ist sie auch auf der FIFA-Weltrangliste vertreten.

312. Durch Frauenfußball sind auch weibliche Schiedsrichter beliebter geworden. Bibiana Steinhaus ist bereits seit 2017 Schiedsrichterin beim Fußball der Herren.

313. Was jedoch verwunderlich erscheint, ist, dass es beim Frauenfußball mehr männliche Trainer gibt als weibliche. Rund 85 % der Trainer im Frauenfußball sind männlich.

314. Wusstest du, dass es in Deutschland rund 4000 Frauenfußballmannschaften gibt?

315. Vor dem Jahr 1970 war der Frauenfußball teilweise verboten.

316. Die brasilianische Spielerin Formiga nimmt mit 41 Jahren das siebte Mal an der Weltmeisterschaft teil.

317. An der Weltmeisterschaft haben schon einmal Taiwan, Thailand und Äquatorial Guinea teilnehmen können.

318. Im Jahr 1991 wurde die FIFA-Frauenfußball-Weltmeisterschaft in China ausgetragen.

KAPITEL 8

AUTSCH! FAKTEN ÜBER IRRE VERLETZUNGEN UND KURIOSE UNFÄLLE AUF DEM SPIELFELD

Fußball bleibt nicht ganz ohne Verletzungen. Auf dem Fußballfeld kann es schnell zu verschiedenen Blessuren kommen.

319. Mario Gomez erlitt einst beim VFB Stuttgart eine Verletzung, die ihn so wütend machte, dass er anfing, auf den Arztkoffer einzuschlagen. Deswegen musste er nicht nur einmal verarztet werden, sondern gleich zweimal.

320. Sehr schmerzhaft wurde es auch für den Spieler Paulo Diogo. Dieser blieb nach einem Jubelschrei mit seinem Ehering am Tor hängen und riss sich diesen vom Finger. Für seinen ausgedehnten Jubel kassierte er auch gleich noch eine Gelbe Karte.

321. Darius Vassell beschloss nach dem Entdecken einer Blutblase unter dem Nagel, diese mit einem Bohrer selbst aufzubohren. Blöd lief es nur, dass er sich in den Zeh bohrte und damit ausfiel.

322. Robbie Keane wollte mit sich mit seinen Füßen eine Fernbedienung angeln, wobei er sich im Bein zwei Bänder riss.

323. Wusstest du, dass das Einstiegsgehalt eines Sportmediziners bei circa 5000 Euro liegt?

324. Der Spieler Adam Nemec verletzte sich bei der Gartenarbeit: Er fiel dabei nämlich vom Baum und erlitt eine Gehirnerschütterung und brach sich zwei Brustwirbel.

325. Wie komisch Verletzungen von Spielern sein können, zeigte Charles Akonnor. Er verletzte sich an der Nase, als er sich die Autoantenne in die Mitte seines Gesichts rammte. Wie er das geschafft hat, würden wahrscheinlich viele Menschen gerne wissen.

326. Wie diese Verletzung passieren konnte, istbis heute leider nicht bekannt: Der Spieler Nelson Oliveira des FC Reading hatte sich mehrere Schnittverletzungen während der Saison 2018/2019 zugezogen. Sehr mysteriös!

327. Maximilian Philipp vom Verein Borussia Dortmund musste sich mit den Schmerzen einer herausgesprungenen Kniescheibe auseinandersetzen. Autsch!

328. In der EM 2021 zog sich Stefano Sensi (Italien) eine Muskelverletzung zu. Leider keine Seltenheit beim Fußball!

329. Jeremy Menez verletzte sich bei einem Zweikampf auf dem Feld ziemlich stark: Er riss sich nämlich teilweise das Ohr ab.

330. Manuel Neuer ist im Hinblick auf Verletzungen leider auch nicht verschont geblieben. Er musste ganze 123 Spieltage aussetzen, weil er sich den Mittelfuß gebrochen hat.

331. Toni Kross erlitt – wie auch viele andere Fußballspieler in ihren Karrieren – eine Rippenprellung.

KAPITEL 9

UNGLAUBLICHE REKORDE UND STATISTIKEN: DAS GLAUBST DU NIE!

Rekorde, Rekorde, Rekorde! Genau darum geht es in diesem Kapitel. Vom jüngsten Schiedsrichter hin zu den meisten Social-Media-Followern – hier erfährst du alles!

332. Dem Australier Archie Thompson gelang es in einem Spiel, ganze 13 Tore zu schießen. Das Spiel wurde damals mit einem Endergebnis von 31:0 beendet. Das Team spielte damals gegen Amerikanisch-Samoa.

333. Die längste Nachspielzeit fand bei dem Spiel Dostlukspor Bottrop und dem BW Wesel statt und betrug 28 Minuten.

334. Beim Spiel Recreativo Linense und Saladilo Algesiras wurden die meisten Roten Kartengezeigt. Insgesamt waren es 19 Stück.

335. Wusstest du, dass die Trainer der ersten Fußball-Bundesliga circa drei Millionen Euro im Jahr verdienen?

336. In der Welt des Fußballs kann man einiges an Rekorden finden. Auch der Däne Jan Schrøder La Caille hatte ebenfalls den Wunsch, einen Rekord aufzustellen. Dafür hielt er den Ball 3 Stunden und 29 Minuten mit seinen Füßen spielerisch in der Luft, ohne, dass der Ball den Boden berührte.

337. Wusstest du, dass einer der jüngsten Schiedsrichter 9 Jahre jung war? Sein Name ist Samuel Keplinger, er durfte am Spiel SSV Bobingen gegen SV Reinhartshausen teilnehmen.

338. Fußballvereine sind immer auf der Suche nach besonderen Nachwuchstalenten. Bei den größten Rekord-Talentsuchen sind bis zu 5119 potenzielle Nachwuchs-Profis anwesend und warten darauf, entdeckt zu werden.

339. Der Argentinier Roberto. A. Fuglígni liebt Bälle: Er sammelt besonders gerne Fußbälle und hat über 861 verschiedene Exemplare davon zu Hause. Eine beachtliche Sammlung!

340. Auch die Geldsummen, die ein Fußballspieler verdient, befinden sich im Rekordbereich. Ein Beispiel dafür ist der Verdienst, den Andres Iniesta von Vissel Kobe in einem Jahr generiert hat: Er durfte sich auf gigantische 29,8 Millionen Euro freuen.

341. Robert Lewandowski verdiente circa genauso viel wie Andres Iniesta – 29,8 Millionen Euro pro Jahr.

342. Wusstest du, dass nicht nur Spieler einen „Marktwert" haben, sondern auch Vereine? Der FC Barcelona beispielsweise hat einen Wert von schätzungsweise 4.760 Millionen US-Dollar.

343. Der Verein FC Bayern München hat ebenfalls enormen wirtschaftlichen Wert, welcher auf bis zu 4.215 Millionen US-Dollar geschätzt wird.

344. Natürlich wirst schon wissen, dass die Fußballprofis auch in den sozialen Medien sehr stark vertreten sind. Die meisten Follower hat Cristiano Ronaldo auf Instagram: 486 Millionen Fans folgen ihm dort. (Stand 2022)

345. Auch Gareth Bale aus Wales, der momentan für den Los Angeles FC spielt, hat ebenfalls eine riesige Anzahl an Instagram-Followern zu verzeichnen: Ihm folgen 48 Millionen Menschen. (Stand 2022)

346. Mesut Özil hat mit 24 Millionen Followern nicht nur eine riesige Fangemeinde auf Instagram, auch auf Facebook (31 Millionen Follower) und auf Twitter (23 Millionen Follower) ist der Weltstar stark vertreten.

347. Lionel Messi hat mit 365 Millionen Instagram-Followern ebenfalls eine riesige Fangemeinde.

KAPITEL 10

INTERNATIONALE FUSSBALLSTARS: FAKTEN ÜBER DIE SCHLIMMSTEN SKANDALE, ABERGLÄUBISCHE RITUALE UND AUSGEFALLENE TRIKOTS

Fußballspiele sind nicht nur spannend mitanzusehen, sie sind auch sehr beliebte Themen, die in Presse und Gesellschaft gerne diskutiert werden. Im Fernsehen, in den sozialen Medien und in Zeitungen werden nicht nur die aktuellsten Informationen über die verschiedensten Ligen und Matches geteilt, sondern auch die spektakulärsten Gerüchte und schlimmsten Skandale aus der Fußballwelt genauestens analysiert.

348. Was macht man, wenn man seinen letzten Urlaubstag etwas zu viel Alkohol trinkt, am nächsten Tag verschläft und nicht rechtzeitig zum Training kommen kann? Man informiert den Trainer, entschuldigt sich und akzeptiert die Konsequenzen dieses Verhaltens. Oder? Eigentlich schon, doch Spieler Somalia, welcher als Profi bei Botafogo Rio de Janeiro spielt, hatte einen anderen Plan, um den wahren Grund seines Zuspätkommens zu verschleiern: Er täuschte seine eigene Entführung vor. Die „Entführung" fand um 7.15 Uhr statt und nach nur zwei Stunden gab er vor, wieder freigelassen worden zu sein. Damit der Trainer ihn auch wirklich ernst nahm und ihm die Geschichte glaubte, zeigte er den „Vorfall" sogar bei der Polizei an. Was der Spieler nicht berücksichtigt hatte, waren die Überwachungskameras, die ihn zeigten, wie er um vier Uhr morgens nach Hause kam und um neun Uhr in Ruhe sein Haus verließ. Er konnte einer Verurteilung jedoch entkommen, indem er sich mit dem Staatsanwalt darauf einigte, eine Spende in der Höhe von 13.000 Euro an Flutopfer zu machen.

349. John Terry (England) hat ein Ritual, das viele Menschen zum Schmunzeln bringt. Er benutzt vor einem Spiel nämlich immer das gleiche Urinal.

350. Didi ist ein brasilianischer Fußballspieler, für welchen der VFB Stuttgart im Jahr 1999 circa zwei Millionen Euro (damals war die Währung noch DM, doch umgerechnet betrug die Höhe des Preises circa zwei Millionen Euro) bezahlte. Was der Verein dabei jedoch nicht berücksichtigt hatte, war, dass Didi sich schon ziemlich oft schwer verletzt hatte. Als der Wechsel erfolgt war und Didi für den VFB Stuttgart verpflichtet wurde, stellte der Verein im Rahmen einer sportärztlichen Untersuchung fest, dass dem brasilianischen Spieler das vordere rechte Kreuzband fehlte. Das führte am Ende auch dazu, dass der Spieler nur zwei Spiele für den VFB Stuttgart spielte und am Ende dann in zu einer Mannschaft in der Schweiz wechselte.

351. Als Abédi Pélé die Nachricht erhielt, dass er in den FC Bayern München wechseln konnte, war er voller Vorfreude. Er machte sich aus diesem Grund auch direkt auf den Weg nach München, um an Verhandlungen teilzunehmen. Allerdings verflog die Euphorie des Fußballspielers auch wieder ziemlich schnell: Sein Berater hatte ihm nämlich verheimlicht, dass er nicht für den FC Bayern München auf dem Feld stehen, sondern dass sein Wechsel zum TSV 1860 erfolgen sollte. Pélé hatte sich seinen Wechsel eigentlich anders vorgestellt, doch er unterschrieb trotzdem seinen Vertrag bei den Münchner Löwen.

352. Ein klares Beispieldafür, dass Last-Minute-Aktionen nicht immer gut ausgehen, ist der geplante Transfer von Eric-Maxim Choupo-Moting, der für den Hamburger SV auf dem Feld stand. Er sollte zum 1. FC Köln wechseln. Die beiden Vereine waren sich über den Transfer einig und Eric-Maxim Choupo-Moting hätte eigentlich nur noch wechseln müssen. Doch leider streikte das Fax-Gerät, als der unterschriebene Vertrag nach Köln geschickt werden sollte. Als es dann kurz nach 18 Uhr doch noch klappte, dem Verein den Vertrag zukommen zu lassen, war es allerdings schon zu spät: Die Transferliste war bereits geschlossen worden und der Spieler konnte nicht zum 1. FC Köln wechseln.

353. Wahrscheinlich kennst du ihn: Jogi Löw – den ehemaligen Trainer der deutschen Elf. Während eines EM-Spiels im Jahr 2016 fieberte er mit seiner Mannschaft mit, als diese auf dem Feld um den Sieg kämpfte. Dabei fiel ihm gar nicht auf, dass er sich mit der Hand zuerst in die Hose und später mit den Fingern in die Nase fasste. Die Kameras hielten diese Momente natürlich fest, die dabei entstandenen Fotos ging in Form von zahlreichen Schlagzeilen durch die Presse.

354. Als Ashley Young, ein Spieler, der für Manchester United auf dem Platz steht, in der Saison 2014/2015 mit seiner Mannschaft gegen Swansea City spielte, wurde er mitten im Spiel vom Kot einer Taube getroffen.

355. Es ist immer frustrierend, wenn die eigene Mannschaft ein Fußballspiel verliert. Ein Fan war jedoch besonders sauer auf seine Lieblingsmannschaft: Als der HSV am 4. April 2010 gegen Hannover 96 spielte und das Spiel 0:0 ausging, sagte der Fan einem Spieler des HSV deutlich, dass die Mannschaft schlecht gespielt hatte. Dies wollte sich der Spieler jedoch nicht gefallen lassen und warf dem Fan seine Trinkflasche ins Gesicht. Als Strafe wurde dieser danach für 5 Spiele gesperrt und musste eine große Geldstrafe zahlen.

356. Wenn man den Aussagen eines Fans Glauben schenkt, dann hat Kevin Großkreutz ihn angeblich mit einem Döner beworfen. Nicht sehr charmant!

357. Der Spieler Eden Hazard spielte im Jahr 2013 für FC Chelsea. Während eines Spiels gegen Swansea City meinte Hazard, dass der Balljunge nicht schnell genug wäre. Er trat ihn deshalb in der 80. Spielminute. Der Schiedsrichter zeigte ihm direkt die Rote Karte und der Spieler musste das Feld verlassen.

358. Dass Fußballspieler auf dem Feld viel laufen und dadurch Hunger bekommen, ist vollkommen normal. Das ist jedoch noch kein Grund, während des laufenden Spiels einen Snack zu sich zu nehmen. Doch genau das hatte der Spieler Luis Suárez anscheinend vor, als er während der WM 2014 seinem Gegner aus der italienischen Nationalmannschaft, Giorgio Chiellini, in die Schulter biss. Für diese Aktion wurde

Suárez für vier Monate und zusätzlich für neun Länderspiele gesperrt.

359. Manchmal reagieren Spieler frustriert, wenn sie ausgewechselt werden und den Platz verlassen müssen. Jürgen Klinsmann stand früher für den FC Bayern auf dem Platz und wurde bei einem Spiel ausgewechselt. Aus lauter Wut über diese Auswechslung trat er heftig mit seinem Fuß gegen eine Werbetonne. Dadurch beschädigte er nicht nur die Tonne, er verletzte sich dabei auch selbst ziemlich stark.

360. Was passiert, wenn ein Schiedsrichter vor einem Spiel, welches er pfeifen soll, etwas zu tief ins Glas geschaut hat und betrunken auf dem Platz steht? Er kann die Uhr nicht mehr richtig lesen und verliert sein Zeitgefühl. Genau das ist dem Schiedsrichter Wolf-Dieter Ahlenfelder passiert, als er das Spiel zwischen Werder Bremen und Hannover 96 am 8. November 1975 pfeifen sollte. Er pfiff viel zu früh zur Halbzeit und wollte das Feld schon verlassen, als ihn die Spieler darauf hinwiesen, dass noch nicht einmal 32 Minuten vergangen waren. Also pfiff er das Spiel erneut an. Die Halbzeit läutete er dennoch früher ein, indem er 90 Sekunden vorher pfiff und damit die erste Spielhälfte für beendet erklärte.

361. Im Jahr 2013 verirrte sich ein Steinmarder auf das Spielfeld, auf dem gerade ein Match stattfand. Auch Loris Bonito war unter den Spielern und versuchte, den ungewünschten Gast einzufangen. Der Marder biss den Spieler daraufhin kräftig in die Hand. Das Tier konnte erst von Torwart David Da Costa mithilfe seiner Handschuhe eingefangen und vom Feld entfernt werden.

362. Der FC Chelsea gewann im Dezember 2020 den Titel „Hässlichstes Trikot".

363. Karneval spielt in Köln eine wichtige Rolle. Aus diesem Grund spielt der 1. FC Köln auch jedes Jahr das erste Spiel nach dem 11. November in einem Karnevalstrikot.

364. Elegant auf dem Fußballfeld? Na klar geht das! Das beweist der spanische Club der dritten Liga – Cultural Leonesa. Dieser Club trat einst mit einem Trikot auf, das einem Smoking glich: Das Hemd, die Fliege und der Frack waren auf den Trikots der Spieler aufgedruckt.

365. In der vierten Liga Spaniens spielt ein Verein-namensFluminense de Feira, der eine Supermarktkette als Sponsor hat. Deshalb finden sich auf den Trikots der Spieler auch Produkte aus dem Sortiment des Supermarktes, Shampoo und Pizza zum Beispiel. Die Rückennummern auf den Trikots sind die Preise für die jeweiligen Produkte. Ein Spieler hat somit die Rückennummer 11,38, während ein anderer Spieler die Nummer 14,98 trägt.

366. Die Spieler des Vereins Atlético Astorga trugen in der Regel immer grüne Trikots. Allein diese Farbe erinnert bereits etwas an Hulk. Doch nicht nur die Farbe, sondern auch das Design, welches dieses Trikot einst hatte, glich diesem Superhelden sehr stark: Das Trikot war nämlich so bedruckt, dass es aussah, als hätten die Spieler unter dem Trikot protzige Muskeln, wie man sie eben von Hulk kennt.

376. Ein Trikot hilft in erster Linie dabei, dass die Spieler die Kollegen der eigenen Mannschaft wiedererkennen. Strategisch klug handelte jedoch der englische Verein Wycombe Wanderers: Er stattete seinen Torhüter, Scott Brown, mit einem Trikot aus, das die Spieler der gegnerischen Mannschaft ablenken sollte. Das Trikot war mit einem bestimmten Muster bedruckt, das die gegnerischen Spieler beim Angriff auf das Tor stören sollte. Außerdem wirkte der Torhüter durch das Trikot optisch größer, als er tatsächlich war.

368. Ein Testspiel zwischen dem FC Rot-Weiß Erfurt und der 1. FC Union Berlin trug die Bezeichnung „Thüringer Bratwurst gegen Berliner Currywurst“. Sogar die Trikots passten zu dem Motto! Auf die eigens für das Spiel angefertigten Sondertrikots waren nämlich sogar Ketchup- und Senfflecken aufgedruckt.

369. Der englische Club Bedale AFC hat Trikots, worauf Bratwürste, Erbsen und auch Kartoffelpüree zu sehen sind. Auf das Trikot des Torhüters ist eine Kochschürze aufgedruckt.

Warum? Weil der Sponsor dieser Mannschaft eine lokale Wurstmanufaktur ist.

370. Welche Stollenschuhmarke trägt Cristiano Ronaldo? Nike!

371. Eigentlich suchen sich die Fußballtrainer ihre Spieler nach Leistung aus und sie prüfen vorher, ob sie zu dem Rest der Mannschaft passen. Das jedoch interessierte den ehemaligen französischen Trainer Raymond Domenech nicht. Er suchte sich die Spieler für die Nominierung des Kaders für die WM 2010 nach Sternzeichen aus. Leider bewährte sich diese Vorgangsweise nicht und die französische Nationalmannschaft schied mit nur einem Punkt bereits in der Gruppenphase aus.

372. Carlos Bilardo, welcher die argentinische Nationalmannschaft trainierte, zwang die Spieler seiner Mannschaft über eine längere Zeit hinweg, mit dem Taxi zu Länderspielen zu fahren. Das tat er, weil die Mannschaft einst gewonnen hatte, nachdem sie mit einem Sammeltaxi zum Spiel angereist war, nachdem der Bus aufgrund einer Panne stehen geblieben war. Anscheinend hoffte Carlos Bilardo, auf diese Weise weiterhin die kommenden Spiele gewinnen zu können.

373. Laurent Blanc (Frankreich) küsste vor jedem Spiel die Glatze des Torschützen Fabien Barthez.

374. Vor jedem Spiel tastet Manuel Neuer die Pfosten des Tores ab. Vielleicht ist er ja ein „Torpfostenflüsterer“ und beschwört sie heimlich – wer weiß?

375. Ein sehr merkwürdiges Ritual hatte Johan Cruyff aus den Niederlanden: Vor jedem Spiel boxte er dem Torwart sanft in den Magen, ging dann über den Platz und spuckte dann ein Kaugummi in die Richtung des Tors der gegnerischen Mannschaft. Dass das ein komisches und sehr außergewöhnliches Ritual ist, wusste Johan Cruyff. Doch er meinte einst, dass er sich ohne Ritual sonst nicht konzentrieren könne.

376. Der Torhüter Iker Casillas hat mehrere Rituale. Eines besteht darin, sich die Torwarthandschuhe nicht auszuziehen, wenn er Autogramme schreibt.

377. Cristiano Ronaldo betritt ein Spielfeld immer erst mit seinem rechten Fuß. Außerdem achtet er natürlich auch immer genau darauf, dass seine Frisur gut sitzt.

378. Warum trägt ein Spieler Schuhe, die nicht seiner Schuhgröße entsprechen? Das ist eine interessante Frage, auf die Gerd Müller, welcher damals den Spitznamen „Bomber der Nation“ trug, eine gute Antwort hatte: Obwohl er eigentlich Schuhgröße 38 trug, zog er vor dem Spiel immer Schuhe mit Größe 41 an. Seine Begründung war, dass er sich mit größeren Schuhen besser drehen könne.

379. Der ehemalige Innenverteidiger Kolo Touré, welcher für Celtic Glasgow zuletzt auf dem Feld stand, wollte den Platz immer als Letzter betreten. Allerdings führte das während eines Spiels so weit, dass er wegen dieses Wunsches den Anstoß zur zweiten Halbzeit verpasste.

380. Kennst du den Spruch „Kleider machen Leute"? Vielleicht dachte sich das auch der ehemalige Mittelstürmer Adrian Mutu von Juventus Turin. Er trug immer dieselbe Unterwäschemarke bei den Spielen.

381. Eric Cantona, steht zwar inzwischen nicht mehr als aktiver Spieler auf dem Platz, spielte früher aber für die Mannschaft Manchester United. Vor jedem Spiel nahm er ein fünfminütiges Bad in einer Badewanne.

382. Der Spieler Jorginho spielte für den FC Bayern und war ein sehr religiöser Spieler. Er überreichte jedem seiner Gegner aus der anderen Mannschaft eine Bibel vor dem Spiel.

383. Als Gyula Lóránt in der Saison 1976/1977 den Verein Eintracht Frankfurt trainierte, hielt er vor jedem Spiel ein Kaffeekränzchen ab. Serviert wurde dabei immer ein Marmorkuchen.

384. Er englische Ex-Nationalspieler John Terry liebte es, auf dem Platz zu stehen und Fußball zu spielen. Er hatte jedoch einen ganz besonderen Aberglauben: Vor dem Spiel wollte er in der Umkleidekabine auf keinen Fall einen Ball berühren. Wenn dennoch ein Ball auf ihn zugerollt kam, suchte er panisch das Weite.

385. Während der WM 2010 trug Joachim Löw, der Trainer der deutschen Nationalmannschaft, zu jedem Spiel einen blauen Pullover. Interessant ist dabei, dass dieser Pulli nach der Weltmeisterschaft ausverkauft war.

KAPITEL 11

DIE WITZIGSTEN FUSSBALLHELDEN- UND TRAINERSPITZNAMEN

Manche Fußballfans sind besonders kreativ. Sie kreieren Hymnen für ihre liebsten Spieler, geben ihnen Spitznamen oder benennen Vereine und ihre Trainer mit witzigen Namen. Oft haben sich die Spieler wegen ihrer Eigenheiten und Charaktereigenschaften die Namen aber auch selbst zu verdanken.

386. Der ehemalige Fußballspieler Jörg Albertz wurde wegen seiner sensationellen Freistöße und auch wegen seiner guten Distanzschüsse „Hammer-Ali“ genannt.

387. Der Ex-Hansa Rostock-Kicker Stefan Beinlich brachte seinen Spitznamen schon mit auf den Platz. Man kannte den Fußballspieler ausschließlich unter dem Spitznamen „Paule“. Woher er den hat, ist unbekannt. Jedoch gab der Profi zu, dass seine Familie ihn bei seinem normalen Vornamen nennt.

388. Der brasilianischer Fußballspieler Aílton wurde aufgrund seiner etwas rundlichen Körperform „Kugelblitz“ genannt. Wusstest du, dass Aílton Fußballer des Jahres 2004 war?

389. Weißt du, wer „der Tiger“ ist? Kein Geringerer als Stefan Effenberg, der sich nach einer verlorenen Wette 1994 den Hinterkopf rasieren und anschließend einen Tiger tätowieren lassen musste.

390. Vielleicht kennst du den ehemaligen deutschen Fußballspieler Oliver Kahn. Er bekam 2002 als erster Torhüter den Goldenen Ball verliehen. Daraufhin wurde er in den Zeitungen mit dem Namen „Titan“ groß gefeiert und stand in den Schlagzeilen.

391. Lukas Podolski bekam als Anspielung auf den Karneval den Spitznamen „Prinz Poldi“ verliehen.

392. Der afrikanische Spieler Pierre-Emerick Aubameyang hat einen besonderen Spitznamen: Anscheinend wird dieser Fußballprofi von seinem Bruder „Bugs Bunny“ gerufen. Vermutlich hat er diesen Namen wegen seiner Zahnlücke und den etwas schiefen Zähnen bekommen.

393. Der Schweizer Fabian Lustenberger bekam seinen Spitznamen von seinem norwegischen Hertha-Kollege Per Skjelbred verpasst. Er nennt den Schweizer nach eigenen Angaben „kleine Kartoffel.“

394. Jürgen Klopp gab sich als Trainer im Rahmen einer Presseversammlung selbst einen Spitznamen: Er wollte nämlich zum Ausdruck bringen, dass er auch nur ein ganz normaler Mensch sei, um die Leute dazu zu bringen, ihre Erwartungen an ihn herunterzuschrauben. Mit seinem Satz

„I'm the normal one" hat er sich selbst einen Spitznamen verpasst.

395. Trainer José Mourinho ist wegen seiner speziellen Art auch als „the special one" bekannt geworden. Von seinen Kollegen im Club Manchester United wird er aber mit dem Spitznamen „Daisy" angesprochen.

KAPITEL 12

SKURRILE FAKTEN ÜBER WM-SONGS, MASKOTTCHEN UND HYMNEN

Natürlich darf die passende Stimmung bei Fußballspielen nicht fehlen. Um ihre Begeisterung zum Ausdruck zu bringen und um ihre Mannschaft bestmöglich anzufeuern und zu motivieren, lassen sie sich häufig ganz besondere Aktionen einfallen. In diesem Kapitel findest du die witzigsten Fakten über Fanhymnen, WM-Songs und mehr!

396. Die längste Nationalhymne, die es gibt, hat Griechenland. Die Hymne setzt sich nämlich aus 24 Strophen zusammen. Diese 24 Strophen sind aber nur ein kleiner Ausschnitt aus einem Gedicht, welches insgesamt 185 Strophen hat. Allerdings singen die Griechen bei Fußballspielen und anderen offiziellen Ansätzen nur zwei Strophen der gesamten Hymne.

397. Japan und Jordanien haben die beiden kürzesten Hymnen. Sie setzen sich nämlich nur aus insgesamt vier Zeilen zusammen.

398. Weihnachtsstimmung das ganze Jahr über? Na klar! Der US-Staat Maryland hat die Melodie des bekannten Weihnachtsliedes „Oh Tannenbaum" übernommen. Die Hymne startet mit „Maryland, my Maryland".

399. Neuseeland hat nicht nur eine einzige eigene Hymne, sondern sogar zwei: Weil das Land einst eine britische Kolonie war, wird neben Neuseelands eigener Hymne „God defend New Zealand“ (Gott beschütze Neuseeland) auch die Hymne aus Großbritannien „God save the Queen“ (Gott rette die Königin) gesungen.

400. Bosnien und Herzegowina hatten schon im Jahr 1998 eine Hymne, aber noch keinen Text dafür. Einen Text hat die Hymne erst seit dem Jahr 2009.

401. Wusstest du, dass Liechtensteins Hymne dieselbe Melodie wie die Hymne von Großbritannien hat?

402. Hymnen werden im Fußballstadion vor dem Spiel immer von Anfang an gespielt. Da jedoch nicht jede Hymne komplett gespielt werden kann, werden maximal 90 Sekunden davon abgespielt. Da die Hymne der Argentinier ein so langes Intro hat, kommen die Spieler gar nicht dazu, mitzusingen.

403. Wusstest du, dass seit 1966 jede Fußballweltmeisterschaft von einem eigenen Maskottchen begleitet wird?

404. Das erste Maskottchen, nämlich das aus dem Jahr 1966, ist World Cup Willie. Das war ein Löwe, der ein Trikot in den Farben der englischen Flagge trug.

405. Das WM-Maskottchen aus dem Jahr 1970 wurde „Juanito“ genannt. Darunter kannst du dir einen kleinen Jungen im grünen Fußballdress, dicken Bäckchen und Sombrero vorstellen.

406. Im Jahr 1974 durfte Deutschland sein WM-Maskottchen präsentieren: Damals setzte man auf ein Duo namens Tip und Tap, so nannte man nämlich die beiden winkenden Jungs im Trikot und dem Fußball unter dem Arm.

407. Das argentinische Maskottchen 1974 stellte ebenfalls einen fußballspielenden Jungen dar, der ein hellblaues Fußballdress und einen Hut trug. Genannt wurde dieses Maskottchen „Gauchito“.

408. Ein etwas skurriles Maskottchen präsentierte Spanien 1982: „Naranjito“ stellte eine in ein Nationaltrikot gekleidete Orange mit Fußball dar und zierte die Plakate der WM.

409. 1986 wurde Mexiko wieder als WM-Gastgeberland ausgewählt: Dieses Mal begleitete eine Paprika mit Schnauzbart und Sombrero die WM, ihr Name war übrigens „Pique“.

410. 1990 fand die WM in Italien statt. Das damalige Maskottchen trug den Namen „Ciao“, es war das erste Maskottchen, welches als Grafik am Computer entworfen wurde. „Ciao“ war ein Strichmännchen in den Nationalfarben Italiens und hatte einen Fußball als Kopf.

411. „Striker“ – so hieß das amerikanische WM-Maskottchen aus dem Jahr 1994: ein fußballspielender Hund mit Stollenschuhen und rot-blau-weißem Fußballtrikot.

412. Frankreich setzte 1998 auf einen gallischen Hahn als WM-Maskottchen. Der Name „Footix“ setzte sich aus den Wörtern „Football“ und der gallischen Endung „-ix“ zusammen – so wie auch die Namen der Gallier Asterix und Obelix.

413. Ein futuristisches Maskottchen entwarfen die Länder Japan und Südkorea für die WM 2002. Die drei Figuren waren nicht nur in der Farbgestaltung und der Form besonders, sie bekamen auch ihre eigene Biografie und ähnelten sehr stark drei Aliens.

414. 2006 wurden Goleo VI und Pille zu den WM-Maskottchen in Deutschland gekürt. Der Löwe im Fußballtrikot hält Pille, den sprechenden Fußball, in seiner Hand.

415. Südafrika setzte 2010 auf einen Leoparden mit grünen Dreadlocks im Fußballtrikot: „Zakumi“.

416. Das offizielle Maskottchen der WM im Jahr 2014 trug den Namen „Fuleco“. Es repräsentierte ein Gürteltier mit gelbem Fell und blauem Panzer. Dieses begleitete nicht nur die WM, es symbolisierte auch die Artenvielfalt des Landes.

417. Russland war 2018 an der Reihe, ein WM-Maskottchen zu entwerfen. „Zabivaka“ heißt „kleiner Torschütze“ auf Russisch. Der kleine Wolf mit Fußballdress und Sportbrille repräsentierte die WM in diesem Jahr.

418. Weißt du, wie das Maskottchen der WM 2022 in Katar heißt? Sein Name ist „La'eeb“, das ist arabisch und bedeutet „supertalentierter Spieler“. „Laa'eeb“ ist ein Fantasiewesen, es ähnelt einem kleinen Gespenst und trägt einen Kaftan.

419. Wusstest du, dass englische Fans besonders kreativ sind, wenn die eigene Mannschaft im Rückstand ist? Die Zuschauer beginnen dann den Spruch „Let's pretend we've scored a goal!“ zu singen. Das bedeutet „Lasst uns so tun, als hätten wir schon ein Tor geschossen!“. Das soll die Stimmung heben und die Motivation der Mannschaft erhöhen.

420. Fußballstar Anthony Modeste hat sogar einen eigenen Song von seinen Fans geschrieben bekommen. Was für eine Ehre! Ein Satz in diesem Lied lautet: „Wer feiert täglich Schützenfest? Anthony Modeste!“ Die anderen Strophen sind ähnlich aufgebaut.

421. Einen ähnlich aufwendigen Song bekam auch Fußballstar Oscar Wendt aus Schweden.

KAPITEL 13

OLÉ!: FAKTEN ÜBER DIE KRASSESTEN FANTRADITIONEN, FANCLUBS UND SIEGESFEIERN

Fußballspieler lieben ihre Fans, das ist ganz klar und genauso ist es auch umgekehrt: Die Fans lieben ihre Fußballhelden! Aus diesem Grund haben sich viele Fanclubs spektakuläre Aktionen einfallen lassen, um ihre Begeisterung zu zeigen.

422. In Plymouth (England) starteten Fans der englischen Mannschaft Hartlepool United eine spannende Aktion: Sie verkleideten sich als Stormtroopers und kamen mit ihren Kostümen in das Stadion. Die Fans lassen sich jedoch jedes Jahr eine neue Kostümidee einfallen und verkleideten sich außerdem auch noch als Schlümpfe und Pinguine.

423. Wenn man das Fußballstadion mit dem Schwimmbad verwechselt, dann fällt das natürlich auf. Ein Fan jedoch tauchte in Badehose im Fußballstadion auf, um so Aufmerksamkeit auf sich zu ziehen.

424. Wusstest du, dass sich Brasilien-Fans während eines WM-Spiels der brasilianischen Nationalmannschaft als Hulk und Spiderman verkleidet hatten?

425. Wusstest du, dass rund 60 % der Fußballfans verheiratet sind oder in einer Beziehung leben? 42 % der Fußballfans haben übrigens ein Haustier.

426. Nur 2 % der deutschen Fußballfans sind Vegetarier.

427. Ein Fan der Mannschaft Manchester United schmuggelte sich 2001 beim Spiel gegen Bayern in das Teamfoto. Dabei gab er vor, Éric Cantona sein, damit ihn die Sicherheitsleute zum Team gehen ließen.

428. Auch der BBC-Comedian Lee Nelson wollte sich einmal einen Traum erfüllen und mischte sich unter seine Lieblingsmannschaft ManCity. Zusammen mit den Spielern wärmte er sich auf. Diese bemerkten ihn jedoch und ließen ihn von der Polizei vom Platz führen.

429. Wusstest du, dass eine La-Ola-Welle bis zu 40 km/h an Geschwindigkeit aufnehmen kann?

430. Weißt du, was eine Vuvuzela ist? Das ist ein lautes Blasinstrument, welches aus Südafrika stammt und eine Lautstärke von 123,4 Dezibel erreichen kann. Fans nutzen dieses Instrument sehr gerne, um ihre Fans damit anzufeuern.

431. Siegesfeiern können manchmal ganz schön ausarten. Das bewiesen die Fans des FC-Barcelona, als sie den Champions League-Triumph der Mannschaft feierten. Am Ende der Feier gab es 132 Verletzte.

432. Der wohl traditionellste und bekannteste Fansong ist wohl „We are the champions“ von Queen.

433. Kennst du die beiden beliebtesten Fansongs aus Deutschland? Das sind nämlich „Stand up for the champions“ von Right Said Fred und „’54, ’74, ’90, 2006“ von der Band Sportfreunde Stiller.

KAPITEL 14

IRRE FAKTEN ÜBER SPORTWETTEN, TICKETPREISE UND SKURRILE WETTEINSÄTZE

Es gibt einige komische Wetten, die du sicher noch nicht kennst. Lass dich überraschen!

434. Sicherlich kennst du David Beckham. Als sein Sohn geboren wurde, wettete man, dass Beckham seinen Rücktritt ankündigen oder auf dem Feld bleiben würde.

435. Rund zwei von zehn Menschen gehen regelmäßig eine Wette ein, darunter haben die meisten Wetten einen Zusammenhang zum Fußball.

436. Wusstest du, dass Großbritannien als führendes Land im Hinblick auf Sportwetten gilt? Dort werden 20 Millionen Euro pro Jahr für die Wetten ausgegeben.

437. In Deutschland ist die beliebteste Wettsportart immer noch Fußball.

438. Wusstest du, dass eine VIP-Lounge im FC Bayern München bis zu 304.000 Euro pro Spielzeit kostet?

439. Ein Fan des FC Liverpool war sich so sicher, dass er im Jahr 2008 200 Pfund auf ein Tor seines Lieblingsspielers Xabi Alonso setzte. Der Fan hatte recht und gewann die Wette.

440. Auch Trainer sind vom Wettfieber nicht ausgeschlossen, so auch nicht Markus Babbel: Er wettete darum, sich ein Tattoo stechen zu lassen, wenn seine Mannschaft den Wiedereinstieg schaffte. Das Motiv sollte das Hertha BSC Logo werden, welches sich der Trainer schlussendlich tatsächlich tätowieren lassen musste.

441. Wusstest du, dass der höchste Wettgewinn, der in Deutschland jemals ausgezahlt wurde, bei 441.850 Euro lag?

442. Udo Lattek wettet darauf, dass er die Strecke von Brüssel nach München zu Fuß gehen würde, wenn der FC Bayern den Europapokal erhielt. Der ehemalige Fußballspieler durfte dann auch tatsächlich zu Fuß gehen.

443. Vielleicht hast du die WM 2014 miterlebt oder kennst ihren Ablauf aus Erzählungen. Damals kam es zu einer doch recht ungewöhnlichen Wette: Ein Fan wettete 32 norwegische Kronen (circa drei Euro) darauf, dass der Spieler Luis Suárez während der WM einen anderen Spieler beißen würde. Er gewann sogar und war am Ende 647 Euro reicher.

444. Wusstest du, dass Fans sogar um Entlassungen von Trainern wetten?

BONUS-KAPITEL:

DREI BELIEBTE FUSSBALLVEREINE IM ÜBERBLICK

Wollen wir uns noch drei bekannte Fußballvereine im Detail anschauen? In diesem Kapitel findest du einen Überblick.

FC BAYERN MÜNCHEN

- Gründungsjahr: 1990
- Anzahl der nationalen Meistertitel: 30
- Stadion: Allianz-Arena München (seit 2005)
- Rekordweltmeister in der Bundesliga
- Erfolgreichste Saison bisher: 2013
- Mitgliederanzahl des Vereins: 293.000 Mitglieder
- Saison, in der die meisten Tore gefallen sind: 1971/1972 – 101 Tore.
- Geschätztes Vermögen: 416 Millionen Euro
- Hauptpartner und Sponsoren: Telekom, adidas, Allianz, Audi
- Aktueller Trainer: Julian Nagelsmann

FC BARCELONA

- Gründungsjahr: 1899 (Gründer: Joan Gamper)
- Vollständiger Name: Fútbol Club Barcelona.
- Mitgliederanzahl: 173.000 Mitglieder
- Es gibt unter anderem 173.000 Mitglieder.
- Aktueller Trainer: Xavi Hérnandez

REAL MADRID

- Vollständiger Name: Real Madrid Club de Fútbol
- Gründungsjahr: 1902
- Spanische Meistertitel: 35
- Mitgliederanzahl: 93.000 Mitglieder
- FIFA-Club-Meister-Titel: 4
- Geschätztes Vermögen: 714,9 Millionen Euro
- Trainer: Carlo Ancelotti

TESTE DEIN WISSEN!

1. Wie viele Minuten dauert ein Fußballspiel ohne Verlängerung und ohne Nachspielzeit?

A: 120 Minuten
B: 110 Minuten
C: 90 Minuten

2. Was genau versteht man unter einem Foul?

A: Ein faules Ei
B: Ein anderes Wort für Tor
C: Einen Regelverstoß

3. Wie oft findet die Weltmeisterschaft im Fußball statt?

A: Alle 3 Monate
B: Alle 4 Jahre
C: Alle 2 Jahre

4. Wer bestimmt, welche Taktik die Mannschaft beim Spiel anwendet?

A: Das Zufallsprinzip
B: Die Fans
C: Der Trainer

5. Manchmal ist die Rede von einer sogenannten Viererkette. Woraus besteht sie?

A: Aus vier Zuschauern
B: Aus vier wertvollen Perlen, die Fußballer beim Gewinn geschenkt bekommen
C: Aus vier Spielern aus der Abwehr

6. Wenn Mannschaften offensiv spielen, was heißt das dann genau?

A: Sie weigern sich, an dem Spiel teilzunehmen und setzen sich auf die Bank.
B: Sie greifen viel an und schießen viele Bälle auf das gegnerische Tor.
C: Sie verteidigen sich mehr.

7. An der WM nehmen insgesamt 32 Teams teil. In wie viele Gruppen teilen sie sich auf?

A: 8
B: 24
C: 32, weil jedes Team allein eine Gruppe bildet

8. Schießt ein Spieler während einer Halbzeit drei Tore, dann hat das eine besondere Bezeichnung. Wie lautet diese Bezeichnung?

A: Hattrick
B: Ballmeister
C: Torgott

9. Aus welchem Land kommt Fußball?

A: Brasilien
B: England
C: Deutschland

10. Wie viele Fußballspieler stehen jeweils für eine Mannschaft auf dem Feld?

A: 11
B: 8
C: so viele Lust darauf haben, auf dem Feld zu stehen

11. Wie oft hat die deutsche Fußballnationalmannschaft die Weltmeisterschaft gewonnen?

A: 4 Mal
B: 5 Mal
C: 2 Mal

12. Wie heißt ein Schuss, bei welchem der Spieler es schafft, den Ball in der Luft zu treffen?

A: Luftball
B: Volley
C: Ballfänger

13. In welchem Jahr fand die Weltmeisterschaft im Fußball in Deutschland statt?

A: 1954
B: 2002
C: 2006

14. Welche Namen trugen die beiden Maskottchen bei der Europameisterschaft 2012?

A: Dick und Doof
B: Slavek und Slavko
C: Himpelchen und Pimpelchen

15. Für welche Nationalmannschaft spielte der bekannte und beliebte Spieler Pelé?

A: Italien
B: Portugal
C: Brasilien

16. Wie viele Teams spielen in der Bundesliga?

A: 12
B: 18
C: 24

17. Welche Mannschaft ist der deutsche Rekordmeister?

A: Schalke 04
B: HSV
C: FC Bayern München

18. Was genau heißt es, wenn eine Mannschaft absteigt?

A: Die Mannschaft spielt eine Liga tiefer.
B: Die Mannschaft muss das nächste Fußballspiel auf den Knien spielen.
C: Die Spiele werden nur mehr im Fernsehspätabendprogramm übertragen

19. Was erhält der Spieler, der am Ende einer Saison die meisten Tore geschossen hat und somit der sogenannte Torschützenkönig ist?

A: Die Torschützen-Schürze
B: Das Torschützen-Trikot
C: Die Torjägerkanone

20. Was steckt hinter der Bezeichnung DFB?

A: Dreister Foul Bund
B: Das Fußballboot
C: Deutscher Fußball Bund

21. Wenn eine Mannschaft gewinnt, wie viele Punkte bekommt sie dann für den Sieg?

A: 3
B: 2
C: 6

22. Was findet sich an dem linken Arm des Teamkapitäns wieder?
A: Ein Tattoo
B: Ein Piercing
C: Eine Kapitänsbinde

23. Wie viele Minuten dauert die Pause zwischen den beiden Halbzeiten?

A: 10 Minuten
B: 15 Minuten
C: 20 Minuten

24. Darf der Torwart den Ball immer in die Hand nehmen?

A: Na klar!
B: Nein, nur im Strafraum
C: Kommt darauf an, was der Schiedsrichter dazu sagt

25. Was versteht man unter der „englischen Woche"?

A: Eine Woche im Jahr, in der die Mannschaften nur Englisch miteinander reden, um ihre Englischkenntnisse zu verbessern
B: Eine Woche im Jahr, in der die Mannschaft gemeinsam den typisch englischen „5 o'clock tea" gemeinsam genießen, um den Teamgeist zu stärken
C: Eine Woche, in der eine Mannschaft mehr als ein Spiel absolvieren muss

26. Was folgt auf die Hinrunde?

A: Die Weg-Runde. Zusammen ist es dann die Hin-und-Weg-Runde
B: Die „Ich gebe es dir zurück"-Runde.
C: Die Rückrunde

27. Wie weit ist der weiße Punkt (der Punkt, an dem der Strafstoß stattfindet) vom Tor entfernt?

A: 8 Meter
B: 11 Meter
C: 15 Meter

28. Was passiert, wenn ein Spieler die Rote Karte bekommt und vom Platz gestellt wird?

A: Die Mannschaft muss mit einem Spieler weniger klarkommen.
B: Der Trainer darf einen neuen Spieler auf den Platz schicken.
C: Der Schiedsrichter bricht das Spiel ab und es wird noch einmal von vorn gestartet.

29. Was heißt der Begriff „Flügelspiel"?

A: Wenn viele Schwalben während eines Spiels gemacht werden.
B: Wenn ein Spieler so hochspringt, als wollte er die Vögel erreichen und mit ihnen fliegen.
C: Wenn Spieler nicht durch die Mitte des Platzes, sondern rechts und links laufen.

30. Wie viele Spieler müssen mindestens auf dem Platz stehen, damit das Fußballspiel stattfinden kann?

A: 5
B: 7
C: 11

31. Wem wird die Ablösesumme gezahlt?

A: Dem Schiedsrichter als Lohn für das Spiel, das er gepfiffen hat.
B: Dem Trainer der Mannschaft.
C: Einem Club für einen Spieler, der von einer anderen Mannschaft gekauft wird.

32. Welchem Land ist es gelungen, im Jahr 1930 die erste Weltmeisterschaft zu gewinnen?

A: Deutschland
B: Russland
C: Uruguay

33. Die meisten Weltmeisterschaften hat bislang welche Mannschaft gewonnen?

A: Brasilien
B: Portugal
C: Deutschland

34. Cristiano Ronaldo hat ganze 27 Spiele gebraucht, bis er sein erstes Tor in der Champions League geschossen hat.

A: Wahr
B: Falsch

35. Wie viele Eckfahnen gibt es auf dem Fußballfeld?

A: 4
B: 8

36. Wie heißen Linienrichter jetzt?

A: Linienmanager
B: Schiedsrichter

37. Welcher Fußballer hat den Spitznamen „Hand Gottes"?

A: Diego Maradona
B: Cristiano Ronaldo

38. Wenn der Schiedsrichter den Ball abfälscht, zählt dann das Tor?

A: Ja
B: Nein

39. Wer war beim FC Bayern München kein Trainer?

A: Karl-Heinz Rummenigge

B: Ottmar Hitzfeld

ANTWORTEN AUF DIE QUIZFRAGEN

1. C
2. C
3. B
4. C
5. C
6. B
7. A
8. A
9. B
10. A
11. A
12. B
13. C
14. B
15. C
16. B
17. C
18. A
19. C
20. C
21. A
22. C
23. B
24. B
25. C
26. C
27. B
28. B
29. C
30. B
31. C
32. B
33. A
34. B
35. A
36. B
37. A
38. A
39. A

FUSSBALL-WITZE

In diesem Kapitel erfährst du einige lustige Fußballwitze, mit welchen du die nächste Halbzeitpause etwas auflockern kannst.

Es treffen sich zwei Freunde und unterhalten sich über Fußball. Sie sind jeweils Fans einer anderen Mannschaft. Schließlich fragt der eine Freund den anderen:
„Weißt du, was der Unterschied zwischen der Mannschaft, die du magst, und einem Marienkäfer ist?"
Der Freund überlegt für einen Moment und schüttelt dann mit dem Kopf.
Daraufhin antwortet der Freund: „Dass ein Marienkäfer mehr Punkte hat."

Eine Mannschaft hat ein neues Teammitglied. Als der Spieler zum ersten Mal auf den Trainer der Mannschaft trifft, fragt er ihn nach seinem Anfangsgehalt. Der Trainer antwortet:
„Am Anfang bekommst du 15.000 Euro im Monat. Später dann auch mehr."
Der Spieler nickt und überlegt für einen Moment. Dann hält er dem Trainer seine Hand hin und schüttelt sie, bevor er sagt: „Gut, dann komme ich später wieder."

In einer Mannschaft gibt es einen Spieler, der immer wieder verletzt ist und vom Spielfeld gehen muss. Der Trainer ist inzwischen davon schon so genervt, dass er seinem Co-Trainer zuflüstert: „Vielleicht sollte ich das nächste Mal nicht den Arzt, sondern einen Theaterkritiker kommen lassen."

Worin besteht der Unterschied zwischen einem Fußballspieler und einem Bankräuber? – Ganz einfach: Der Bankräuber sagt „Geld her, oder ich schieße." Der Fußballspieler hingegen sagt:

„Geld her, oder ich schieße nicht."

Ein älterer Mann ruht sich auf dem Park auf einer Parkbank aus und genießt den schönen Frühlingstag. Nachdem ihm jedoch mehrmals der Fußball der Kinder, welche im Park spielen, auf den Kopf fällt, fragt er die Kinder wütend, ob sie nicht woanders ballspielen könnten. Die Kinder nicken und antworten: „Natürlich, das ist kein Problem. Allerdings müssen Sie mitkommen." Der Mann schaut die Kinder fragend an und fragt: „Warum?" Daraufhin antworten die Kinder: „Na, Sie sind unser linker Torpfosten."

Es ist Tag der Zeugnisvergabe und Timo kommt mit seinem Zeugnis nach Hause. Gespannt fragt ihn seine Mutter, wie sein Zeugnis ausgefallen ist. Der Sohn holt stolz das Zeugnis aus der Tasche, und hält es seiner Mutter hin. Er sagt: „Klar, alles bestens. Ich habe meinen Vertrag mit der 4. Klasse noch ein Jahr verlängert."

Felix ist beim Arzt. Nachdem der Arzt mit seiner Untersuchung fertig ist, setzt er sich auf seinen Stuhl und seufzt. Ernst schaut er Felix an und sagt: „Ich glaube, es ist besser, wenn du mit dem Fußballspielen aufhörst." Felix schaut den Arzt verängstigt an und fragt: „Bin ich krank?". Der Arzt schüttelt seinen Kopf und antwortet: „Nein, bei der Untersuchung ist alles gut, aber ich habe dich letztes Wochenende Fußballspielen gesehen."

Wann wurde die erste Fußballmannschaft schriftlich erwähnt? – Schon im Alten Testament. Denn da heißt es: „Sie trugen seltsame Gewänder und irrten planlos umher."

Warum ist Fußball der weltweit brutalste Sport? – Weil da geköpft und geschossen wird.

Können sich Fußbälle verletzen? – Na klar! Schließlich gibt es den Fußballverband.

Ein Fußballspieler wartet an der Bushaltestelle auf den Bus. Da es noch ein wenig dauert, bis der Bus kommt, entschließt er sich dazu, sich die Zeit zu vertreiben, indem er ein paar Dribbelschritte übt. Eine ältere Dame sieht ihn und geht direkt auf ihn zu. Sie tippt ihn auf die Schulter und sagt ihm: „Keine Sorge, junger Mann, ich zeige Ihnen, wo Sie die Toiletten finden."

Worin besteht der Unterschied zwischen einem Fußgänger und einem Fußballspieler? – Der Fußgänger geht, wenn es grün ist. Der Fußballer geht bei Rot.

Die Leistungen des Stürmers der Mannschaft haben nachgelassen und der Trainer ist inzwischen sehr genervt. Er bittet den Stürmer darum, nach dem Training noch etwas zu bleiben und spricht ihn auf seine Leistung an. Schließlich fragt er ihn:

„Wann bekomme ich mal wieder etwas Ordentliches von dir zu sehen?“. Daraufhin antwortet der Stürmer: „Morgen früh, Trainer. Da kommt die neue Werbung mit mir im Fernsehen.“

Ein Fußballspieler kommt schon zum fünften Mal in dieser Woche zu spät zum Training und der Trainer ist deswegen sauer. Als der Spieler auf das Spielfeld kommt, sagt er zu ihm: „Du bist heute zum fünften Mal zu spät zum Training gekommen. Du weißt schon, was das bedeutet, oder?“, fragt er. Der Spieler nickt und antwortet: „Na klar, Trainer. Das heißt, dass heute Freitag ist.“

Paul sitzt in der Schule und der Lehrer fordert ihn auf, ihm drei berühmte Männer zu nennen, die mit dem Buchstaben „B“ anfangen. Paul zögert nicht lange und sagt: „Beckenbauer, Basler und Breitner.“. Der Lehrer schaut ihn komisch an und fragt: „Hast du etwa noch nie etwas von Beethoven, Bach und Brahms gehört?“. Paul schüttelt seinen Kopf und zuckt daraufhin mit den Schultern. Dann sagt er: „Nein, Herr Lehrer. Für die Regionalliga interessiere ich mich nicht wirklich.“

Der Teufel als der Vertreter der Hölle und Petrus als der Vertreter des Himmels treffen aufeinander und unterhalten sich. Schließlich fragt der Teufel, ob der Himmel nicht vielleicht mal Lust darauf hätte, ein Fußballspiel zu veranstalten – Himmel gegen Hölle. Petrus überlegt für einen Moment. Schließlich breitet sich ein Lächeln auf seinen Lippen aus und er schaut den Teufel skeptisch an. Dann sagt er: „Du glaubst doch nicht im Ernst, dass ihr in der Hölle auch nur die geringste Chance gegen uns habt. Wir im Himmel haben alle guten Fußballspieler. Der Teufel überlegt für einen Moment und antwortet dann, dass er sich ganz sicher sei. „Was macht dich so sicher, dass ihr eine Chance gegen uns im Himmel habt?“, fragt Petrus. „Ganz einfach!“, grinst der Teufel. „Ihr mögt im Himmel alle guten Fußballspieler haben, dafür haben wir aber die Schiedsrichter.“

Das Spiel ist sehr langweilig und viele Zuschauer gähnen. Auf einmal sagt ein Fan zu dem anderen: „Schau mal, da vorn ist der Trainer der gegnerischen Mannschaft auf der Bank eingeschlafen.“ Der Zuschauer zuckt mit den Schultern und antwortet: „Das ist noch lange kein Grund, mich aus dem Schlaf zu reißen.“

Ein Mann steht am Supermarkt an der Kasse und bezahlt gerade seinen Einkauf. Bevor er geht, fragt ihn die Kassiererin: „Sammeln Sie Punkte?“. Der Mann schüttelt seinen Kopf und antwortet: „Nein. Ich bin Fan vom HSV.“

Der Mannschaftsarzt wird von einem Reporter interviewt. Der Reporter fragt ihn, was der Arzt zum Doping im Fußball sagt. Der Arzt zuckt mit den Schultern und antwortet: „Doping am Ball ist sinnlos. Das Zeug muss schon den Spielern gegeben werden, damit es hilft.“

Ein Holländer ist Weltmeister geworden. Was macht er jetzt? – Seine Spielkonsole aus.

Eine Mannschaft erhält zu Ostern ein großes Geschenk von einem unbekannten Spender. Als sie das Geschenk aufmachen, sehen sie, dass es lauter Fahrräder sind – für jeden Spieler und sogar für den Trainer eines. An den Fahrrädern hängt jeweils ein Zettel, auf dem steht: „Mit den Fahrrädern könnt ihr schon einmal das Absteigen üben."

Ein Fußballspieler und ein Schiedsrichter treffen nach dem Spiel aufeinander. Der Spieler fragt den Schiedsrichter, wie sein Hund heißt. Der Schiedsrichter schaut ihn daraufhin verwundert an und teilt ihm mit, dass er keinen Hund hat. Der Fußballspieler antwortet daraufhin: „Oh nein, das tut mir aber leid. Das muss schlimm sein blind, zu sein und keinen Blindenhund zu haben!".

Stolz kommt Lukas nach dem Fußballspiel nach Hause. Sein Vater fragt ihn, wie es war. Lukas zeigt mit seinem Daumen nach oben und grinst: „Super. Ich habe zwei Tore geschossen!". Der Vater ist begeistert und fragt, wie das Spiel insgesamt ausgegangen ist. Lukas antwortet: „Na 1:1.".

Der Trainer sitzt am Spielfeldrand und ist sauer. Seine Spieler spielen so schlecht, dass er sich sehr über sie aufregt. Nach dem Spiel fragt er sie: „Kann mir einmal einer von euch sagen, was los ist? Ich habe euch doch heute extra gesagt, dass ihr so spielen solltet wie noch nie." Die Fußballer schauen den Trainer verdutzt an und der Kapitän antwortet: „Aber das haben wir doch gemacht, Trainer. Wir haben so gespielt, als hätten wir noch nie gespielt."

Wie nennt man die Fußballschuhe von Jesus? – Christstollen.

Wo befindet sich die kleinste Brauerei Deutschlands? – Im Fußballstadion – da stehen bei jedem Spiel 22 Flaschen auf dem Feld.

Die Fußballmannschaft sitzt in ihrem Mannschaftsbus. Die Spieler stellen fest, dass der Busfahrer an den roten Ampeln nicht anhält, sondern einfach weiterfährt. Einer der Spieler beschließt, ihn darauf anzusprechen und ihn zu fragen, warum er bei den roten Ampeln nicht anhält. Der Busfahrer dreht sich zu ihm um und antwortet: „Damit eure Mannschaft wenigstens in Flensburg-Punkte sammelt."

Ein Fußballspieler möchte mit dem Flugzeug verreisen und steht in der Schlange. Als er an der Reihe ist, fragt ihn die Stewardess nach seinem Pass. „Kein Problem", antwortet der Fußballspieler. „Wenn Sie mir einen Ball geben, zeige ich ihn Ihnen gerne."

Zwei Fußballfans unterhalten sich nach dem Fußballspiel. Der eine Spieler sagt zu dem anderen: „Also, die Spieler unserer Mannschaft waren in der zweiten Halbzeit ja noch langsamer als in der ersten Halbzeit." Der zweite Fan nickt und antwortet: „Na ja, aber das ist ja auch kein Wunder – der Trainer hat sie schließlich in der Halbzeit in der Umkleidekabine zur Schnecke gemacht."

Im Fußballstadion warten die Fans gespannt darauf, dass das Spiel endlich startet. In der Zwischenzeit läuft ein Mann durch das Stadion und ruft: „Heiße Würstchen, heiße Würstchen!". Schließlich dreht sich einer der Fans genervt zu dem Mann um und sagt: „Ehrlich gesagt ist es mir vollkommen egal, wie du heißt. Ich hätte aber gerne noch etwas zu trinken, bevor das Spiel losgeht."

Der Trainer wechselt den Stürmer seiner Mannschaft aus und holt ihn zu sich auf die Bank. Der Stürmer versucht, sich vor dem Trainer zu rechtfertigen und sagt ihm, dass der Schiedsrichter schuld daran ist und dass er ihm ordentlich in den Hintern treten möchte. Der Trainer schüttelt daraufhin seinen Kopf und antwortet: „Mach das lieber nicht. Du triffst doch ohnehin wieder nicht."

Während eines Spiels wirft einer der Fans auf einmal eine leere Flasche auf das Spielfeld. Der Schiedsrichter dreht sich zu ihm um und fragt: „Was soll das?". Der Fan antwortet: „Dann fühlen Sie sich nicht so einsam als leere Flasche."

Ein Fußballspieler sieht kurz vor dem Anpfiff gar nicht fit aus und der Trainer hält ihm vorsichtshalber eine Hand an die Stirn. Er fühlt, dass der Spieler Fieber hat und zuckt mit den Schultern. „Egal, dann musst du dich wenigstens nicht mehr warmlaufen."

Immer wieder derselbe Mann kommt an den Ticketschalter, um sich ein Ticket zu kaufen. Der Verkäufer am Stand fragt ihn, ob er inzwischen nicht genug Tickets hätte. Der Mann antwortet: „Natürlich. Aber was kann ich dafür, wenn der Typ am Eingang meine Karten immer wieder zerreißt?"

Als sich ein Fußballfan ein Ticket für das Spiel zwischen Bayern und Schalke kaufen möchte, fragt er an der Kasse, wie viel das Ticket kostet. Der Verkäufer teilt ihm mit, er ein Ticket ab 40 Euro bekommen könne. Der Fan nickt und sagt schließlich: „Dann hätte ich gerne ein Ticket für 20 Euro." Der Verkäufer schaut ihn verwundert an und teilt ihm mit, dass das nur der halbe Preis des Tickets wäre. Der Fan nickt und sagt: „Ja, mich interessiert ja auch nicht, wie Schalke spielt. Ich komme nur für Bayern ins Stadion."

Stolz teilt ein Spieler dem anderen mit, dass der Trainer zu ihm gesagt hätte, dass er das beste Pferd im Stall sei. Der andere Spieler nickt und antwortet: „Klar, du machst ja auch den meisten Mist von uns allen."

Mark ist ständig erkältet und wundert sich, warum es immer ihn trifft. Als er mit seinem Freund und Mannschaftskollegen darüber spricht, antwortet dieser: „Ist doch vollkommen klar – so oft wie du im Sturm stehst!“

Was versteht ein Fußballspieler unter dem Wort „Romantik“? – Ein Spiel auf dem Fußballfeld bei Kerzenschein.

Ein Reporter fragt einen Fußballspieler: „Stimmt es, dass in Ihrer Mannschaft viele Spieler eingebildet sind?“. Der Fußballspieler überlegt für einen Moment und nickt anschließend.
„Ja, viele bilden sich ein, besser auf dem Spielfeld zu sein als ich.“

Der Trainer einer erfolglosen Mannschaft geht in einen Buchladen und fragt die Verkäuferin, wo er das Buch mit dem Titel „Wie gewinne ich ein Fußballspiel“ findet. Die Verkäuferin mustert ihn für einen Moment und erkennt ihn als Trainer einer erfolglosen Mannschaft wieder. Daraufhin meint sie: „Sind Sie nicht der Trainer der Mannschaft, die nie gewinnt?“ Der Trainer nickt. Daraufhin sagt die Verkäuferin: „Fantasy-Bücher befinden sich im oberen Stockwerk.“

Ein Fußballspieler geht zum Arzt und erklärt ihm, welche Beschwerden er hat. Er sagt: „Ich weiß nicht mehr, was ich tun soll, Herr Doktor. Ich sehe immer rot vor meinen Augen.“ Daraufhin antwortet der Arzt: „Dann wechseln Sie am besten Ihren Schiedsrichter.“

Ungeduldig sitzen die Fußballfans im Stadion und schauen auf die Uhr. Dabei stellen sie fest, dass das Spiel schon vor 15 Minuten begonnen haben sollte. Auf einmal ertönt eine Durchsage: „Leider muss der Spielstart weiterhin verzögert werden. Der Schiedsrichter hat seine Pfeife verloren." Ein Fußballfan ist besonders empört und fragt: „Na und? Muss der während des Spiels unbedingt rauchen, oder was?"

Ist Fußball eine verbindende Sportart? – Na klar! Schließlich verbinden die Mannschaftsärzte immer recht viele Spieler.

Eine Patientin sitzt beim Zahnarzt. Der Zahnarzt schaut ihr kurz in den Mund und bevor er mit der Behandlung anfängt, sagt er: „Schreien Sie so laut, wie Sie nur können." Die Patientin antwortet: „Aber dann rennen ja alle Leute, die im Wartezimmer sitzen, weg." Der Zahnarzt nickt und schaut auf seine Uhr. „Das ist der Plan. In Kürze startet das Spiel und das möchte ich gerne sehen."

Im Erdkundeunterricht stellt die Lehrerin verschiedene Fragen an die Schüler. Als Bruno gefragt wird, wo Bayern liegt, zuckt er kurz mit seinen Schultern, bevor er antwortet: „Das ist unterschiedlich, doch meistens an der Spitze der Tabelle."

Im Matheunterricht soll jedes Kind eine Aufgabe lösen. Als Ralf an der Reihe ist, schreibt die Lehrerin die Aufgabe 2:2 an die Tafel und fragt Ralf, was das ist. Daraufhin antwortet er:

„Unentschieden!"
Auf dem Spielfeld kommt es zu einer Auseinandersetzung zwischen dem Spieler und dem Schiedsrichter. Der Spieler geht auf den Schiedsrichter zu, nachdem ein Spieler der gegnerischen Mannschaft eine Schwalbe gemacht hat. Er fragt ihn: „Sind Sie blind?". Der Schiedsrichter möchte dem Spieler nicht sofort die Rote Karte geben und fragt aus diesem Grund: „Was haben Sie gesagt?" Der Spieler verdreht seine Augen und sagt: „Super, nicht nur blind, sondern auch taub."

Was ist ein Schiedsrichter? – Ein ehemaliger Fußballspieler, der aufgrund seiner schlechten Augen jetzt nicht mehr auf dem Fußballfeld steht.

Ein Fußballfan beklagt sich bei einem Freund darüber, dass seine Mannschaft immer verliert, wenn er sich die Spiele im Fernseher anschaut. Sein Freund versucht ihn zu trösten und sagt: „Ach du, im Radio fallen die Spiele auch nicht besser aus."

Warum kommen Uli Hoeneß und Arjen Robben so gut miteinander klar? – Weil sie sich nicht in die Haare bekommen können.

Als die Spieler zum Training ins Stadion kommen, sehen sie, dass gerade ein paar Bauarbeiter den Rasen einbetonieren.

Verwundert fragen sie, was das soll. Einer der Bauarbeiter dreht sich zu ihnen um und antwortet: „So kann euer Niveau nicht noch mehr einsinken."

Ein Nationalspieler unterhält sich mit einem anderen und sagt: „Ich weiß nicht, was so viele Fans immer gegen uns haben. Wir machen doch nie was."

Der Fußballtrainer unterhält sich mit den Spielern seiner Mannschaft und sagt: „Ich würde mich so freuen, wenn ihr dieses Mal nicht absteigt. Das wäre wirklich das schönste Geschenk, das ihr mir zu meinem Geburtstag machen könntet. Die Spieler antworten daraufhin: „Mist, jetzt haben wir aber schon das Parfum gekauft."

QUELLEN

https://www.tessloff.com/was-ist-was/sport-kultur/fussball/spannende-fussballfakten.html

https://www.geo.de/geolino/mensch/4382-rtkl-fussballweltmeisterschaft-die-kuriose-geschichte-des-frauenfussballs

https://www.kick.tv/die-kuriosesten-und-lustigsten-sportwetten-der-geschichte/

https://www.bild.de/sport/fussball/1-bundesliga/50-beeindruckende-fakten-aus-50-jahren-34022928.bild.html

https://soccer-magazin.de/interessante-zahlen-und-fakten-zur-deutschen-bundesliga/

https://onlineversicherung.de/10-skurille-fussball-fakten/

https://gruene-zitate.de/die-interessantesten-fussball-fakten/

https://www.bild.de/sport/fussball/1-bundesliga/11-verrueckte-fussball-fakten-51342662.bild.html

https://onlyfunfacts.com/de/fakten/fakten-uber-fussball/

https://tv.de/magazin/15-skurrile-fakten-rund-um-den-fuball,1745/

https://www.vbg.de/nachwuchskicker/6_Sportreport/h%C3%A4ufigste_Verletzungen/h%C3%A4ufigste_Verletzungen_node.html

https://www.4-4-2.com/weitere/5-interessante-fakten-ueber-den-fussball/

https://www.watson.de/sport/fu%C3%9Fball/751881598-von-juventus-urin-bis-lazio-koma-die-45-lustigsten-namen-von-freizeit-teams

https://www.ran.de/fussball/international/bildergalerien/die-lustigsten-vereinsnamen-im-fussball-flat-earth-fc-kiffen-fc-super-power-heidelberg-united

https://gruene-zitate.de/historische-fussball-zitate/

https://www.kindersache.de/bereiche/wissen/sport/unnuetzes-fussballwissen

https://de.hunterschool.org/football/30-interesting-facts-about-football
https://gruene-zitate.de/sprueche-von-fussballkommentatoren/
https://www.fernarzt.com/magazin/fernarzt-faktencheck-fussball/
https://globalquiz.org/de/fu%C3%9Fball-interessante-fakten/
https://www.t-online.de/sport/fussball/wm/id_70231322/bilder/nationalmannschaft-23-kuriose-fakten-zu-unseren-wm-stars.html
https://dewiki.de/Artikel/6-interessante-fakten-zur-fussball-weltmeisterschaft
https://www.antennevorarlberg.at/meldungen/kuriose-fakten-zu-fussball-weltmeisterschaften/9/
https://www.aachener-zeitung.de/ratgeber/7-fakten-die-sie-sofort-zum-fussball-experten-machen_aid-67383715
https://de.piixemto.com/fussball-test/interessante-fussball-fakten.html
http://www.aktives-abseits.de/top-11-die-unwichtigsten-fakten-ueber-fussball/
https://www.welt.de/print/wams/sport/article13783158/Die-kuriosesten-Fussball-Geschichten-des-Jahres.html
https://www.fussballfieber.de/p/y268da/die-groessten-wm-fails/8
https://www.fussballfieber.de/p/jky9sm/die-groessten-transfer-pannen-der-bundesliga-die-absolut-kurios-sind/10
https://www.fussballfieber.de/p/rdqlx4/die-peinlichsten-aktionen-bei-denen-jemand-im-erwischt/8
https://www.sport1.de/news/fussball/2019/09/fussball-die-50-wichtigsten-begriffe-von-abseits-bis-zwoelfter-mann
https://www.fussballfieber.de/p/55pdk6/die-seltsamsten-spielabbrueche-aller-zeiten/10
https://www.fussballfieber.de/p/2ym6au/die-groessten-skandal-spieler-der-bundesliga-die-oft-eklats-lieferten/11
https://www.fussballfieber.de/p/vgjn5z/

die-groessten-ausraster-im-profi-fussball/17
https://www.fussballfieber.de/p/3x9nva/kuriose-spielunterbrechungen-der-fussball-geschichte/9
https://www.fussballfieber.de/p/s8xzhp/seltsame-rekorde-die-selbst-fussballfans-nicht-kannten/10
https://www.jugendleiter-blog.de/2020/06/04/quiz-fragen-fuer-kinder-fussball/
https://www.fussballfieber.de/p/8me6wm/die-10-groessten-skandale-in-der-bundesliga/17
https://www.ran.de/fussball/bildergalerien/das-sind-die-kuriosesten-fussballregeln#:~:text=Das%20sind%20die%20kuriosesten%20Fu%C3%9Fballregeln&text=Unglaublich%2C%20aber%20wahr%3A%20Ein%20Schiedsrichter,Schiedsgericht%20ein%20Bericht%20zukommen%20lassen.
https://www.kennstdueinen.de/magazin/10-absurde-fussballregeln-die-niemand-kennt/
https://www.90min.de/posts/6215717-fussballregeln-die-14-kuriosesten-und-bizarrsten-richtlinien
https://www.focus.de/sport/fussball/fussball-fuenf-kuriose-neue-regeln-wurf-tore-pfostentritte-behandlungen_id_10788827.html
https://www.spiegel.de/sport/fussball/wm-geschichte-zehn-fakten-ueber-harte-fouls-und-ruepel-a-977738.html
https://www.welt.de/sport/fussball/article174321802/Von-Schiedsrichter-ausgeloest-Die-wohl-daemlichste-Schwalbe-des-Weltfussballs.html
https://www.90min.de/posts/die-verrucktesten-fussball-fakten
https://www.schule-und-familie.de/wissen-wieso-weshalb-warum/sport/warum-heisst-ein-vorgetaeuschtes-foul-schwalbe.html
https://kinderzeitung.kleinezeitung.at/fussball-diese-fakten-sind-kaum-zu-glauben/
https://www.gebaerdenwelt.tv/

acht-kuriose-fussball-fakten-wusstest-du-das/
https://www.ep-juniorclub.de/club/themenwelten/island/quiz/fussball-quiz.html?tx_eoaquiz_pi1%5Bquiz%5D=54&tx_eoaquiz_pi1%5Bstep%5D=10&tx_eoaquiz_pi1%5Baction%5D=onward&tx_eoaquiz_pi1%5Bcontroller%5D=Quiz&cHash=1c9a24917e156cb86962298df153674c
https://www.ergo-impulse.de/familie-freizeit/fussball-fakten-zum-mitreden/
https://www.severint.net/2016/06/12/10-fakten-ueber-die-deutsche-fussballnationalmannschaft/
https://www.bild.de/10um10/2012/10-um-10/die-kuriosesten-nationalhymnen-23484674.bild.html#:~:text=Auch%20Interessant-,Kurioses%20%C3%BCber%20Nationalhymnen,sich%20mit%20sparsamen%20zwei%20Strophen.&text=Die%20k%C3%BCrzeste%20Nationalhymne%20haben%20Japan%20und%20Jordanien%20%E2%80%93%20nur%204%20Zeilen.
https://www.spiegel.de/fotostrecke/fussball-wm-2018-acht-fakten-zu-nationalhymnen-fotostrecke-161257.html
https://www.mopo.de/sport/fussball-em/fuer-den-tv-stammtisch-21-verrueckte-fakten-zur-euro-2020/
https://neueswort.de/la-ola-welle/
https://www.stern.de/sport/fussball/50-jahre-rote-karte--das-sind-die-schnellsten-und-kuriosesten-platzverweise-30460806.html
https://www.redbull.com/de-de/die-besten-fussball-torjubel-posen-der-welt
https://www.90min.de/posts/2848427-top-10-die-einzigartigen-skurilsten-und-lustigsten-torjubel-der-fussball-stars/10-umf-stjarnan
https://www.fussballtrainer.de/profifussball/grosse-worte/fussballtrainer-zitate.html

https://www.ran.de/fussball/bundesliga/die-besten-fussball-sprueche
https://www.ran.de/fussball/bildergalerien/die-verruecktesten-fan-aktionen-im-fussball-star-wars-everton-teamfoto
https://www.dw.com/de/glatzenk%C3%BCsse-salz-und-kaugummi-kuriose-rituale-auf-dem-fu%C3%9Fballplatz/a-44280322#:~:text=In%20den%20Niederlanden%20ist%20der,ein%20Kaugummi%20Richtung%20gegnerisches%20Tor.
https://web.de/magazine/sport/fussball/rituale-aberglaube-fussballstars-6774204
https://www.ran.de/fussball/bildergalerien/gascoigne-ronaldo-und-co-die-kuriosen-rituale-der-fussball-stars
https://www.travelworks.de/blog/fussball-zitate.html
https://www.lachmeister.de/lustige-sprueche/fu%C3%9Fballer/index-seite-4.html
https://www.90min.de/posts/2868441-standard-sprueche-der-kommentatoren-die-15-bekanntesten-fussball-reporter-floskeln/1-elfmeterschiessen-ist-lotterie
https://www.zooroyal.at/magazin/zoo-mix/tierische-wm-orakel/

https://www.manager-magazin.de/unternehmen/artikel/logenplaetze-in-der-bundesliga-fc-bayern-und-hsv-vorne-a-1182444.html

https://www.freistaat.bayern/dokumente/behoerde/77885427746

https://www.welt.de/themen/fussball-weltmeisterschaft-2022/

https://www.welt.de/sport/fussball/article186479180/Suendensteuer-Im-Fussball-WM-Land-Katar-kostet-ein-Liter-Bier-jetzt-elf-Euro.html
https://www.printplanet.de/wissenswertes/themen/sport/

das-kleine-fussball-abc-wichtige-fussball-begriffe-einfach-erklaert

https://fussballer-schuhe.de/#fussballschuhe-der-profis
https://www.computerbild.de/artikel/cb-Tipps-Sportwetten-Rekorde-30410961.html
https://www.fifa.com/de/news/das-himmlische-henning-sv%C3%A6r-und-sein-wunderschoner-fussballplatz#:~:text=Man%20kann%20%C3%BCber%20den%20Begriff,Mittelpunkt%20des%20malerischen%20Fischerdorfes%20geworden.
https://www.sport1.de/news/internationaler-fussball/2020/07/faiq-bolkiah-der-reichste-fussballer-der-welt-ist-auf-vereinssuche
https://www.merkur.de/wirtschaft/faiq-bolkiah-fussballspieler-welt-juli-verein-sultan-brunei-nationalmannschaft-90822986.html
https://www.karista.de/berufe/sportarzt/gehalt/
https://de.statista.com/statistik/daten/studie/1247786/umfrage/julian-nagelsmann-gehalt-und-vermoegen/#:~:text=Fu%C3%9Fball-l%2DBundesliga%20unter%20Vertrag%20und,des%20FC%20Bayern%20M%C3%BCnchen%20wird.
https://ligalive.net/das-sind-die-besten-sprueche-der-deutschen-fussballreporter/
https://www.experto.de/praxistipps/lustiges-fussball-quiz-fuer-kinder-zum-ausdrucken.html
https://www.vgs-ganztag.de/wp-content/uploads/2020/06/Das-Grundschulen-Fu%C3%9Fball-Quiz.pdf
https://bilder.buecher.de/zusatz/22/22841/22841140_lese_1.pdf
https://www.kidsweb.de/schule/fussball_spezial/fussball_witze.html
https://www.fixefete.de/party-ideen/fussball-witze
https://witze.net/fu%C3%9Fballspieler-witze
https://www.berliner-kurier.de/fussball/em2021/

achtung-witzig-spass-fuer-die-halbzeitpause-diese-zehn-fussball-witze-sollten-sie-kennen-li.167099
https://www.freenet.de/unterhaltung/witze/die-besten-fuss-ball-witze-fntdt-40380428.html
https://halbzeitwitze.de/bundesliga%20witze.html
https://www.kikisweb.de/spezial/fussball/anderes/witze2.htm
https://www.goal.com/de/meldungen/fu%C3%9Fball-quiz-beste-fragen-antworten/blt734c3e0794b96ced
https://www.goldjahre.de/updfload/Fussball-WM-Quiz-Maenner-Aktivierung-No55-Goldjahre.pdf
https://onefootball.com/de/news/weltraum-verbot-die-kurio-sesten-vertragsklauseln-im-fussball-32334616
https://www.gq-magazin.de/entertainment/artikel/david-beckham-and-co-die-absurdesten-vertragsklauseln-im-fussball
6 Ulkige Fakten über Sportwetten | NetBet Blog
https://www.wettfreunde.net/sportwetten-news/9-kuriose-wet-ten-rund-um-den-fussball-zwischen-schmunzeln-und-kopf-schuetteln/#:~:text=Kuriose%20Wetten%20von%20Tippern&tex-t=Bei%20einigen%20Wettanbietern%20l%C3%A4sst%20sich,in%20Uruguay%20fiel%20tats%C3%A4chlich%20Schnee.
https://www.ligaportal.at/international/ligen-mix/50705-die-10-reichsten-fussballvereine-der-welt-im-jahr-2022
https://de.statista.com/statistik/daten/studie/1112879/umfrage/la-liga-mitgliederzahlen-der-vereine/

IMPRESSUM

Valentin Lehnig

Originalausgabe
Erste Auflage 2022

Anna Sophia Fötschl
Gensgitsch 28
5580 Tamsweg
Österreich

Covergestaltung: Nina Sonnabend Design

Satz und Layout: Wolkenart – Marie-Katharina Becker,
www.wolkenart.com

Printed by Amazon Italia Logistica S.r.l.
Torrazza Piemonte (TO), Italy

39595900R00098